JN296404

あやまちから学ぶ

精神分析と心理療法での教義を超えて

パトリック・ケースメント著

浅野元志・川野由子・日下紀子・永松優一 訳
松木邦裕 監訳

岩崎学術出版社

Learning from our mistakes:Beyond dogma in psychoanalysis and psychotherapy
by Patrick Casement
copyright © Patrick Casement 2002
Published by arrangement with Paterson Marsh Ltd, London
through Tuttle-Mori Agency, Inc., Tokyo.

Arthur Hughに捧げます

未来がまったく不確かなとき，目標に到達することが勝利への道である。

訳注）Hugh,Aは正式にはArthur Hugh Clough（1819-1861）。19世紀，ヴィクトリア王朝時代の詩人。妻のいとこにあたるナイチンゲールの病院や看護職の改革を積極的に支援した。

謝　辞

　本書の出版は，Cesare Sacerdoti（前カーナック・ブックス）が書物にまとめるようにと主張してくれたおかげであり，書き続けるよう励ましてくれた多くの方たちや，以前に発表したとき刺激的に討論してくれた方たち，まえがきを書いてくれたエリック・レイナーのおかげです。加えて，出版前に（以前の二著と同様に）草稿に細心の注意をはらって編集してくれたJosephine Klein にとりわけ感謝します。さらに私の患者やスーパーヴァイジーのおかげであることも表わしておきたく思います。これらすべての方たちからとても多くを学びましたし，本書に収められている長めのプレゼンテーションを許可してくれた方たちにとくに感謝いたします。

　既出版の素材使用を許してくれたことに，著者と出版社は感謝しています。その詳細は該当する章に表しています。

　終わりになりますが，私がもう1冊の本を書くあいだ辛抱してくれていた妻，マーガレットに感謝します。

日本の皆様へ

　私たち分析家は，ひとたび分析家としての自信を抱き始めると，ときとしてあやまちをおかしたり，患者を誤解してしまいやすくなるようだと私は気づいてきました。それは，自分は「知っているのだ」と思うようになるからなのです。

　分析家としての私たちの仕事に自信を見出すまったく異なるふたつの方法があります。

　ひとつの方法は，私たちの仕事への教義的なアプローチを学ぶことです。それは確かさの感覚を与えてくれますし，とても迅速に，力量があるという錯覚を私たちにもたらします。しかしこのあり方が，私たちがまちがってしまっていたり誤解してしまっているときに，患者がしばしば出してくる微妙なサインにオープンでなくしてしまいやすいのです。そうなると私たちは，いかなる理論であろうとも知識をもっとも与えてくれるその理論に備わっている教条的教義から私たちが採った仮説を患者に押しつける臨床スタイルを身に付けていきます。そこでは患者は，自分について仮定されているものに服従するようにとのプレッシャーを感じるでしょう。

　一方，私たちが仕事において発見していくまったく異なる自信があります。それによるなら私たちは，患者に耳を傾けることを身につけますし，ひとつのセッションの瞬時瞬時に私たちを患者がどのように経験しているかをしばしば伝えてくる無意識のヒントに耳を傾けられるようになります。とりわけ，私たちがまちがっていたり誤解しているときにそうできるのです。つまるところ患者が私たちにもっとも届いてもらいたいところに私たちが届くことによってこそ，その分析体験の患者にとっての価値が決まっていくでしょう。このことゆえに，もっぱら理論や別の臨床経験に基づいて見通しを予期して

いたときに，しばしば予想していた道筋とはまったくちがった旅に私たちは連れ出されるのです。

　私たちは試行錯誤しながら学んでいくのでしょう。けれどもあらゆる分析的な旅を通して，患者はこの努力での不可欠なパートナーと見られましょう。ときを経て私たちは分析家として，**私たちの技術への思い込みではなく，そのプロセスにおかれる信頼**に基づいて，力量を持っているとのまったくちがった感覚に行き着くでしょう。私が思うには，これは教条的な教義の限界を超えたところにあるものなのです。そしてそれが，確立された理論や実践というよくなじんでいる水平線の彼方に私たちを導いてくれるでしょう。ここに，私が理解するにいたった精神分析の神秘性ややりがいのある課題があるのです。

　ここに私の新しい本が日本語となって出版されました。日本の皆様に楽しく読んでもらえるとともに，本書が皆様の臨床に役立つことを願っています。

パトリック・ケースメント

まえがき

　パトリック・ケースメントは臨床経験を長く積み重ねてきている精神分析家であり，心理療法家です。本書は第三作ですが，前の二著（Casement,1985 and 1990）と同じく実におもしろく，またとても共感できるものです。あらゆる精神分析家，心理療法家，カウンセラーにとって感じるところが多く，楽しく読みがいがありましょうし，この分野に関心を抱いている方たちにも読みやすいものです。

　ケースメントが英国精神分析協会のインディペンデント・グループの独立心を持った活力あふれるメンバーであることは，こころに留めておいてもらいたいものです。ケースメントはみずからの仕事を愛していますし，著書のテーマは，患者と治療者のあいだでの深い情緒の相互作用にかかわるものでした。本書でもその伝統は，臨床描写でのとても印象深い場面に引き継がれています。彼は抽象的な理論には関心を抱いておらず，自分はある特別な理論概念や見解についての証拠を捜すことよりも，臨床経験に沿い，臨床経験を表現しようとしているのだとじつに率直に述べています。彼は独断的教義（ドグマ）には反対であり，この教義は理論と必ず結びついているため，抽象的な理論には疑心暗鬼なのです。

　本書の狙いは，治療体験でのふたりの主人公のあいだで現れ出てくる無意識のコミュニケーションを見出し，描き出すこと——さらには，それぞれのパーソナリティによる役割を識別していくこと——にあります。本書は，そうしたふたりにうごめいている情緒の響きあいに満ち満ちています。

　言うまでもなく著者は思いやりを持った人物なのですが，甘いお人よしではありません。多くの治療者とは異なり，治療者は「よい体験」を提供しようとするべきでは絶対にないと確信しています。そうする代わりに，彼は終

始変わらず，とても鋭い批判力を備えたこころを使っていきます。読者が抱き始めるかもしれない傲慢さへの疑いは，著者の自分自身を批判的な目に容赦なく終始さらし続ける能力——それを分析家の「こころの中のスーパーヴィジョン」と彼は呼びますが——によって霧散してしまいます。

　本書を読み始めたところ，ケースメントの批判的な鋭さに私はいささか意地悪な腹立ちさえ感じました。けれども，ただちにそれは大変なおもしろさに入れ替わってしまいました。それはまるで，あやまちをおかしやすい人間同士のレスリングとかテニスの試合を見ているかのようです。そのうちのひとりは大家なのですが，そちらが勝つとは限りません。もっとよい分析家，もっとよい心理療法家をめざそうとの新たな決心を抱いて，私は本書を閉じました。誰もが，きっとそう感じるにちがいありません。

エリック・レイナー*

＊Eric Rayner BSc.,Ph.D.,英国精神分析協会会員・訓練分析家
　編著書Human Development（1986）;The Independent Mind in British Psychoanalysis（1991）;Unconscious Logic（1995）

目　次

謝　辞　4
日本の皆様へ　5
まえがき　7
導入のことば　11

第1章　分析での目標に到達すること：精神分析という開かれた可能性　1

第2章　精神分析でのあやまちと，あやまちを避けようとすること　22

第3章　ひとつのセッションでの体験：コミュニケートしようとすること　47

第4章　自律に向けて：精神分析でのスーパーヴィジョンを考える　61

第5章　心理療法で援助しようとするときの落とし穴　82

第6章　再演と解決　101

第7章　患者の手を抱くべきか，それとも抱かざるべきか：さらなる考察　122

第8章　侵襲と空間：技法上の問題　136

第9章　知っていることの彼方の知らないこと　154

エピローグ　何処(いずこ)へ　176

付録論文　早期心的外傷の復活のときに身体接触を求めるという分析家への重圧　179

参考文献　194
監訳者あとがき　199
人名索引　209
事項索引　210

導入のことば

　自分がどんな誰より一番よく知っているのだという傲慢な態度にはまり込んでしまうときが，精神分析の臨床家にはあります。このようにして，分析で何かがあやまってしまっているときに，もしかするとそれが，（少なくとも部分的には）分析家自身の何らかのあやまちのせいではないかととらえようとはせず，むしろ患者の病理の表われであると決めてかかる分析家によって，このうまくいかない責任を取らされるのはたいていの場合，患者なのです。分析家は無意識についての専門知識を主張できるゆえに，それによっていつでも自分自身を防衛できてしまうのは不幸と言えます。そうして，分析家は自分自身のあやまちを見落としてしまうのです。けれどももっと重要なのは，ときとして分析家の臨床作業スタイルそのものが患者にとってやっかいな問題となってしまっているようであるのに，それを分析家が見落としてしまうことなのです。
　そもそもフロイトが無意識のこころを理解できる可能性を実際に示してみせてからというもの，精神分析においては多数の分裂が起こってきました。
　治療としてであれ，訓練のためであれ，たくさんの人が精神分析に惹かれています。なぜなら内的世界についての分析家の見方は，抗しがたく魅力あるものだからです。このようにして分析家と患者は，あらゆるものごとが違った視点から見られるひとつのプロセスへと入っていくでしょう。分析家は，理論から得た地図によって導かれ，患者は（「不思議の国のアリス」のように）分析家によってとても豊かに描き出されるこの不思議な新しい世界に入り込んでいくのです。患者は，やがて回復したと感じられるところにたどり着くでしょう。しかし，このやりかたで達成されるこころの変容の本質は，分析家によって厳然と一方的に患者に送りこまれる患者自身についてのもう

ひとつの見方のために，ひとつの見方を患者が放棄するという，改宗という在り方とときとして似てきます。この種の精神分析による内的な世界についての変容された見方は，洗脳とそうたいしてちがわないプロセスによって時々伝達されています。そこでは，患者は自分のこころに別の人の考えやこころを取り込んでいくのです。

　これらの内的な世界を見ていく作業への私のアプローチは，できるだけ慎重に，患者や私のスーパーヴァイズする人たちの作業についていくことです。理論や技法に関しての特定な立場の証拠や確証を探そうとするのではなく，臨床経験に私は沿っていきます。空想phantasy[原注1]の威力や転移を認識していくと同時に，無意識についての気づきから知っていくことや，患者の現在の生活や面接室のなかに患者の過去がダイナミックに現出していることがしばしば見出されるとの感覚によって導かれるやりかたを選んできました。理論が予測していたようなところに，私たちはしばしばたどり着くものです。けれども，無意識のコミュニケーションから浮かび上がってきたものが導いてくれるよりも，理論が直接導くほうが必要であったとか有効であったということはめったにありませんでした。

　こんな風に私は患者にアプローチしてきました。ところが，ある分析家が私の臨床とアメリカの関係学派の臨床とのあいだに多くの類似点があると論じているのを見つけ，この見解に興味を持ちました。まったく違ったところから始めた分析家が分析過程を似たように見るようになっていることや，この見方がある特定の理論学派によって教え込まれることによって身に付いていくのと同じほどに，臨床作業への独自のアプローチから身に付くものであるといったこれらの比較には，他の人たちも興味をかき立てられるであろうと思います。私が対人関係学や相互関係性の文献を引用していないのは，それらの文献がこの臨床的な探究の旅のあいだ，どの段階においても私を導いてくれたり影響を与えたりするものではなかったからです。事実，賢いやり

原注1）「空想phantasy」については，白昼夢や意識的な想像により近い「fantasy」とはきちんと区別されるものとして，他者がどのようであるかとの無意識の想像に基づいて私たちが他者と関わっている「無意識の空想　unconscious phantasy」の違いを強調した英国対象関係論者と同じ使い方をしている。

かたではないのかもしれませんが，この独自の旅が私をどこへ連れていってくれようとしているのかがわかるまで，私はそうした文献に目を向けないようにしています。

分析へのこの整然としないアプローチは，繰り広げられる転移の背景としてのみならず，本来それ自身がもっている強力な要素として，分析過程でのふたりの分析関係によって演じられている部分をもっと見るようにと私を導いてくれます。多くの人がすでに気づいているようにこの関係は，患者と分析家それぞれのパーソナリティがともに織り成すことで独自に作り上げたものです。この関係は科学的コンテクストの範疇から予測されうる画一的な標準に，必ずしものっとっているものではありません。この関係は，それぞれの患者と発展するのであり，その関係自体のもつダイナミクスと無意識的な目的とともに展開していくのです。分析家があまり防衛的になりすぎず許容できるのであれば，母親とあらゆる年齢の子どもの関係，あるいは父と子（多くは年長の子ども）の関係と多くの点で重なる関係の持ち方にもいつのまにか引き込まれるのです。ここから多くを学ぶべきであり，深い変化は結果として生じるのです。

退行のような，とある状況において，分析家は，母親が乳幼児にそうされるように，患者に支配されるよう求められるかもしれません。けれども分析家がこのコントロールを受けいれるときに，この関係で自分は無力にさせられていると意味づける必要はありません。一方分析家には，年長の子どもに面した父親のように，対峙しておく心構えを備えた断固とした態度が求められるときもあります。そして分析家は，患者が欲しがっていそうだったり要求していそうなこと，あるいは必要としていそうなことなどさまざまなものによって押されたり引かれたりすることに身を任せながら，また（願わくば）患者がこのつながりのなかに（無意識的に）見出そうとしているであろうものに感受性鋭くありながら，分析関係は，潮の満ち引きのように続きます。しかしながら，**必要とされている**対処は，必ずしもどんなときでも直面化することでもなければ，分析家が患者に受身的にただついていくだけでもありません。鋭く感知する技術を高めていくことや，別の新たな機会に必要とさ

れる類いの対応を，きちんと認識できるようになることが求められているのです。

　患者と取り組んでいるプロセスにおいて，患者がもっとも深いところで伝えたがっていることに耳を傾けようとし，それを理解しようとしながら，私たちは信頼できる存在であり続けようとしつつ，かつ関心を持ち続け，患者に適切に対応しようとも努めるのです。この結果生じた関係のなかで，患者は自分にとって真新しい体験を見つけるかもしれません。このこと自体，とても治療的なものです。しかし私は，よりよい経験をただ提供することを私たちの目的とは決してすべきでないと考えます。私は，「よい経験」だけで，とくに治療者が意図してそのよい体験を提供しようとしていたならなおさら，そこから恒久的な変化が生じるとは思いません。よりよいものと後に判明するようなものやもっと深く治療的なものは，もっと相互作用的なものなのです。この相互作用的であることが，私たちがそのプロセスに調律できたりついていけるようになるなら，それ自体の無意識的な知恵や方向性を持っていそうなプロセスのなかに，必然的に治療者と患者の両者を巻き込んでしまうのです。それに続く臨床の旅は，常識が教えてくれそうなことや，あるいは患者によかれと私たちが意識的に想像したり選択した事態を超えたところに私たちを導いてくれるのです（第5章，6章，7章参照）。

　無意識的な役割対応role-responsiveness（Sandler,1976）や実現化actualization（Sandler, 1993），そして時にはエナクトメントenactment（Chused, 1991）というプロセスを通して分析家は，目を向けられるために，ワークスルーするために，さらには癒されるために患者が持ち込んでいる早期の外傷状況と不気味なほどの類似，パラレルさに自分が引き込まれているのに気づくことがあります。そして，患者がまさにもっともありえそうにないやりかたでこころの中で自分を閉じ込めていたものから終局的に自分自身を解放していこうとするとき，患者が分析にもっとも届いてもらいたいところに私たちが到達していることがあるのです。

　このプロセスで私たちが，不可避にあやまちを，ときにはとても深刻なあやまちをおかしてしまうのです。しかしときにはこのへまにもかかわらず，

そのとき私たちがへましたものを患者が自分の生活史のところからとてもうまく利用してしまっているのを発見して驚いてしまいます。こうした理由で，本書を通した主題は，あやまちにかかわることなのです。すなわち，できるだけあやまちを避ける方法，私たちがまちがえてしまっているときによりうまく気づく方法，そして患者がわかっているあやまちに一緒に取り組んでいく方法です。

第1章では，精神分析がこころを自由にしていく潜在力を持ちながら，なおかつこころを縛りもするというパラドックスを探究します。訓練中の一群の人たちにアピールしそうな経験とは，分析の方法をはっきり型の決まったモデルで提供する教義的なスタイルの分析です。やがてそのスタイルは，自分自身の分析において扱われてきたのとよく似たやりかたで，研修生がのちに患者を治療するようにしてしまいます。けれども分析家あるいは心理療法家になることにまったく関心をもたない患者にとっては，まったく異なった治療経験が必要であり，より適切であるのかもしれません。

スーパーヴィジョンにおいても，いま述べたような対照的なモデルがあります。ひとつは，スーパーヴァイザーが望んでいることを正確に研修生に写し取らせようとする教義的なものです。もう一方は，スーパーヴァイジーが患者とのより自分らしい働きかたを身に付けられるよう模索していこうとするものです。この二番目のモデルでは，研修生自身や診ている患者にとって納得のいく働きかたを研修生に許容しながら，訓練においての統制もとられていなければなりません。

第2章では，私たちがあやまちをなんとかうまく避けられそうな方法をいくつか提案しながら，あやまちの例を較べています。また分析過程の一部となってしまうあやまちをしてしまうように，分析家や心理療法家を引き込んでしまうやりかたのいくつかを検討します。これは第5章と第6章に続いていく主題です。

第3章で，私自身がたずさわっている進行中の分析作業の一例として，ある分析から1回のセッションを提示します。ですからこのセッションは，特別の理論や技法の問題を述べるために選ばれたわけではありません。私が患

者とともにしている分析作業の一部分としての，**こころの中のスーパーヴィジョン** internal supervision のプロセスを私がどのように活用しようとしているのかをあらわそうという，単にそれだけの目的で提示しています。

　第４章では，患者の見方から自分の臨床作業をモニターできるようになる**こころの中のスーパーヴィジョン**^{原注2)}のプロセスを研修生が育んでいくよう力づけたいと思って，いくつかの例を提示しました。分析過程に影響してしまうやりかたで，分析家あるいは心理療法家から来ているものに**向かわせて**しまったり，患者の内的な方向性から**そらして**しまうような，患者の私たちへの対応に対する私たちの無意識的偏向に，このこころの中のスーパーヴィジョン過程がもっと気づかせてくれたらと思います。

　第５章においては，分析や治療で援助しようとすることから生じる諸問題を探究します。患者が分析家のあやまちを使うことができ，無意識的に探索していたもの以上のものにたどり着くその様子を，臨床素材を提示して解説します。第６章は，（分析家による）無意識の再演の例を提示しています。患者の幼少期の外傷体験と不思議なくらいパラレルであった一連の「出来事」がありました。この繰り返されたあやまちのパターンの結果として，もとは母親とのあいだで抱いていたもの（と思われた），患者がそれまで誰にとっても重荷過ぎると思っていた感情を表現できたのでした。

　外傷の中核的なまさにそのときを表すために分析家を使用するというテーマは，第７章にも続きます。この章では，患者の手を抱かないほうを選んだ臨床経過をさらに探究していきます（原著は付録論文として本書に再掲載しています）。この患者の分析での中核となるエピソードから現れてきたものに沿って，ここでは原著よりももっとくわしいバックグラウンドが提示されています。

原注2)　私は**こころの中のスーパーヴァイザー**という見地からもとは考えていた（Casement, 1985, 1991）。しかし今は，**こころの中のスーパーヴィジョン**のプロセスというところからこのことを考えるようになっている。すなわち分析家や治療者が，セッションのなかで何が起こっているのか，そして彼らに開かれたさまざまな選択肢，彼らがこれに対応するであろう多様な方法，さらには患者にとってのそれぞれの含蓄を瞬時瞬時にモニターしていく内なる対話 internal dialogue として，である。

第8章では，*空間*と*侵襲* impingement というふたつの技法上の留意点が，私たちの考えかたや患者との分析作業が導き出される上で大いに援助となるとのことを述べています。もし私たちが可能な限り分析過程を分析家の感化力や分析家による的外れの妨害に制約されないようにしておけるなら，これらの点に留意していることが，私たちがどのように患者との分析作業を行っているのかをモニターしていくのにとりわけ役に立つと私は考えています。

　第9章は，私たちがあらゆる分析で遭遇する知らないこと unknown に向けられたこころを開いた態度，さらには知らないことへの敬意について述べています。それは，私たちが理論や先入観を多く抱え込み過ぎていないときに，よりうまく営んでいけるものであるようです。

守秘についての問題

　私は患者の分析や心理療法から，あるいは研修生のスーパーヴィジョンからの臨床素材を使うことで生じる倫理と守秘の問題にいつも関心を抱いています。これらの問題については，別のところ（Casement 1985：付録Ⅱ およびCasement 1991：付録Ⅱ）で十分に論じていますが，これからもそのとき表した立場を私は維持します。

　また，後になってからであっても，分析の一部が発表や出版に使われているようだとわかるために生じてくる侵入から私の継続中の臨床作業をしっかり守りたいと思っています。このため，前著（「さらに患者から学ぶ」：訳者追加）から10年間，私は臨床論文を公表しないとこころに決めてきました。これによって，私にも患者にも臨床的に必要な真のプライバシーが保証されます。引退が近づいていること，今では私が一切の新しい患者を引き受けていないことでようやく，当時の仕事からの例を公表する決心をしました。

　ここに引き出してきた分析作業を私とともに取り組まれた患者および研修生諸氏は，匿名性を保護するよう努めた私の配慮をきっと評価してくれると思います。そして私はそれらのひとつひとつから，たくさんの学ぶ機会をいただきましたし，読者の皆さんもそれらから多くの恩恵を得られるであろうと信じています。以前と同じように，ここに紹介しているヴィネットのなか

に自分自身のことや自分のスーパーヴィジョンのことを認められる方があったとしても，どんな人によっても自分は同定されないと感じられるであろうと私は信じています。

第1章　分析での目標に到達すること
：精神分析という開かれた可能性[原注1]

> 精神分析において私たちは，どこへ向かっているのでしょう。そして，分析家の養成には関心がないただ治療のためだけにやってくる患者に，どれくらい好ましい分析家や心理療法家を分析のトレーニングは創り出しているのでしょう[原注2]。

はじめに

　私の論題は，精神分析の潜在力はパラドキシカルである，すなわち逆説的で矛盾しているとのことです。精神分析はこころを解き放し自由にもすれば，こころを縛ってもしまいます。創造性や自発性に目覚めさせ，それらを自由にもしますが，（なかでも精神分析のトレーニングにおいて）相手に追従する迎合性を助長することもあります。それゆえに私たちは，現在の分析実践が精神分析の偽りの拡張へと進んでしまう，ところがその実践者たちはこの拡張が本物で明白な治療的進展であると思っていそうな実践の方法に，ますます用心しておかなければならないと強く思います。ここでの本物の分析という私の判断は，それが分析家から患者に押しつけられたものではなく，患者にとってまったくこころからほんとうであるものという点からなされるとのことを明確にしておきたいと思います。
　精神分析はたしかに，いろいろな症状（あるいはある程度の症状）から患

原注1)　この章は，臨床ソーシャルワークにおける精神分析の全国会員資格委員会の第7回カンファレンス「新たな包括と革新」New Inclusions and Innovations（2000年1月）で発表した論文に基づいている。精神分析研究 Psychoanalytic Inquiry 20(1): 160-184.に掲載された。

原注2)　第2章をのぞけば，これらの題辞はすべて私自身の考えである。

者が解放されるよう手助けします。つまり、実り多い豊かな発達を妨げてきた情緒遮断状態から患者が解き放たれるよう援助できます。そこで患者は阻止していたものから離れ、前進できるようになります。あるいは、外傷やほかのひどい体験のために引き起こされた傷つきが癒されるよう手助けします。また、動く死人であった人たちにいきいきとした生命感がもたらされるよう援助したりもします。凍てついていた感情がふたたび感じられるようになり、人生をより豊かに生きられるようにします。ほかにも賞賛されてよいたくさんのことができます。

　しかしながら、精神分析がいかなることよりももっともやっていると思われるひとつのことがあります。それは、まったく普通の人を普通から**外れたもの** extra-ordinary [訳注1]に変えられることです。彼らを精神分析家にしてしまえるのです！　そして、ここに問題があるのです。なぜなら（少なくともトレーニングを受けている状況においては）精神分析は、自分**自身**のこころや考えを発達させるよう当然彼らを解放していくとは決してかぎらないからです。精神分析患者の人口が膨らみつつあるなかには、分析家や心理療法家になるためのトレーニングとして受けている人たちもいるのです。そして解放の代わりに、精神分析の規律や伝統の「純正さ」を維持するために、あるいは精神分析家や心理療法家たちのある改革主義グループの基準に忠実であるように、（どれほどよく考えられていたとしても）従順に従うようにとの圧力が働いています。

　それらの分析家あるいは心理療法家になるためにトレーニングを受けている人たちのなかには、自分の訓練分析家に実践に役立つたしかなモデルを見出し喜んでいる研修生もたくさんいるでしょう。これらの研修生はいずれ自分自身が治療者となって実践するとき、自分の分析家の働き方に進んで同一化するでしょう。たとえ、その臨床作業スタイルが自分に合っていたほどには自分の患者には実際はうまく合っていないときにでもです。ここでは、精神分析や心理療法の分野で働いていない患者のことをとりわけ考えています。

　訳注1）extra-ordinary はハイフンをはずすと、なみはずれた、奇妙な、特別のという意味をもつ。

しかし，研修生が自分自身の分析においてそのような確信[原注3]にかかわる問題を抱えているとするなら，研修生はその問題にどう立ち向かっていくのでしょう。

このように，「精神分析」と呼ばれるものにはパラドキシカルな特徴が見出されます。私たちはフロイトがたまたま偶然に発見し始めていた，**分析空間**をやはり思い出しますし，分析空間の並外れた潜在力を思い出します[原注4]。けれどもまた，暗示と同様に，理解を深めていくにつれて分析とは相反するものとフロイトが表向きにはみなすようになった圧迫技法の復活も見出すのです。

1. 圧力から空間へ

周知のようにフロイトは治療を始めるにあたって，催眠療法から治療者の手を患者の額にのせて思い出すように患者に命じる前額法に至るさまざまな圧迫技法を用いました。その後さらに進みフロイトは，それまでは患者の額を押し続けていた手を取り払う技法に変えました。それはまるで抑圧の障壁を彼が取り払っているかのようでした。後にもう一度フロイトは，エミー・フォン N 夫人（Breuer and Freud, 1895）という患者によって，私にもっと自由に話させてとうながされました。そして，この体験を通して自由連想法が見出されました。とはいえ，興味深いことに，フロイトはここでも，「患者は，こころに思い浮かんだものは，何でも話さなければならない」と，いわゆる「分析の基本規則」を伝えることによって，圧迫という要素を組み込んでいます。ここではフロイトは，この規則から除外されるものは**なにもない**と言っています。そして皮肉っぽく以下のポイントを付け加えています。

原注3）　ここにはパラドックスがある。患者によっては自分の分析家の確信をよろこんで迎え入れるだろう。しかしながら，ステレオタイプな患者としてよりも個人として理解されるようになってくるとき，患者は分析家の仮説あるいは先入観に従うようにとの圧力を体験するかもしれない。そのとき，とりわけ分析家が患者が立ち向かってくることに抵抗するなら，これがひとつの問題となる。

原注4）　Stephen Mitchell は「精神分析を発明したことによって，フロイトは治療だけでなく，それまでまったく存在していなかった種類の経験も創造した」と記述している（1997:34）。

> 仮にある一箇所だけでも留保が許されるなら，いかに（分析の）仕事全体が不可能になってしまうかはまったく驚くほどである。しかし私たちが，仮に町のある箇所に治外法権を存在させたとするなら何が起こるのかをちょっと考えてみるだけでよい。あっと言う間に町中のあらゆるろくでなしがそこに集まるだろう。
>
> （Freud, 1913 : 135―136）

 基本規則において「連想は自由であらねばならない」と主張しているように見えるこの箇所においても，フロイトは以前の圧迫技法の形式を組み込んだと私は確信しています。患者は**自由に連想しない**ことにまったく自由ではありません。すなわち，解釈というペナルティを科せられてしまいます。
 基本規則を必要不可欠とみなすほうが分析での利益はより大きくなるのか，それとも，この基本規則も分析空間を攻撃し，そのため強いられている（すなわち，服従を強いられている）との患者の感覚を保ってしまっているのかどうかは興味深くかつ議論の分かれるところだと私は思います。

2．精神分析史からの有害な残留物

 フロイトの書いた臨床解説を無心に読んでみるなら，フロイトが自分の理論を証明したがったり，実例を見つけ出そうと望んでいるときがあるのに気づかないわけにはいきません。そのためフロイトに同意しない患者は，抵抗しているといつも非難されたのでした。そして，抵抗に打ち克つ必要が患者には明らかにあるという名目でフロイトは，患者を圧迫し続けることを正当化しようとしてきたようです。つまるところ，分析家はいつも正しいと結論づけられます。あるいは少なくともフロイトは，自分が選択することはいかなるときでも正しいのだととらえていたのでした。そしてこの姿勢が分析の実践において重大な落とし穴を残しているのです。今日ではこの落とし穴はそれほどたびたび生じているのではないと思いますが，それが生じてしまったときには，もっときちんと自分に耳を傾けてもらえると患者が望める道が

存在するべきです。

　残念なことに（フロイトのように）分析家の多くが，自分の位置はみずからの確信の確実さによって保護されているとみなしているようです。さらにそれは，まちがっている可能性からみずからを引き離してしまう多様な抵抗解釈によってますます防御されるでしょう。

　他者についての私たちの（仮の）理解をあまりに確信しすぎるという罠に私たちはさまざまなふうにはまってしまうようです。実際に見てみましょう。分析家や心理療法家は，つながりをつけるエキスパートになっていきます。**私たちはほとんどあらゆるものを，なんでもかんでもとつないでいくことができます！** そのうえ，そのつなぎ方がどんなに大胆で荒っぽくても，このつながりを裏づける理論をいつでも使えます。そうして，このつながりがうまく噛みあわないときには，患者のほうが私たちの見方にとてもうまく則ってなんらかの防衛的思考を用いていると決めつけるのです。たとえば：

- 患者が真実として語っているものの反意を見たいと望むときには，**逆転** *reversal* という点から私たちは考えます。
- 問題を「あそこ」よりも「ここ」として伝えたいなら，患者が**投影**もしくは**置き換え**を使っていると考えます。
- 私たちが焦点づけしたい論点が患者からは話されないなら，**回避** *avoidance* と私たちは考えます。
- 私たちを居心地悪くさせているものに対して患者が私たちを非難するのなら，とくにそれが私たち自身についてのなんらかの受け入れがたい真実に触れていそうなとき，私たちはそれを**転移**または**投影同一化**と呼びます。
- 捜していた時間のつながりは見つかったが，それが出来事の細部とは矛盾し噛みあわないとき，私たちは**無意識の無時間性** *timelessness* について語ります。
- 患者が私たちの作り上げているつながりがしっくりこないと主張するなら，**否認**あるいは**スプリッティング**の概念を持ち出すのです。

実際，ほとんど望むままに私たちは理論が使えます。それにもかかわらず，私たちがまちがってしまう，それもひどくまちがってしまうときは必ずあるのです。もちろん私たちはそうならないように努めていますし，患者を誤解しないでいられるのならずっとよいでしょう。しかし，私たちの作業スタイルがあまりにも確信に満ちているものであるなら，分析家がまちがっているとき（とくに分析家が誤りを認められなかったり，認めるのを渋るときには），そのスタイルが現実の問題となっていきます。

　しかしながら，分析家に率直にまちがいを正す気持ちがあるのなら，そこに患者が利用できるまったくちがった性質の安心が生まれます。それはあやまちに直面したら砕け落ちそうになるもろい安心ではありません。そうではない，もっとはるかに弾力のある安心が見出されるでしょう。この安心は，分析家はたとえ患者によってであったとしても正されうるのだと患者が発見したことから生まれた安心なのです。さらに考えてみるなら，あまりに確信を抱いている分析家もまた，患者や意見の合わない同僚が向けてくるありそうなあらゆる脅かしに対してのもろい安心を防衛しているのです。

　それにもかかわらず，それでもいまだときどき貫通するものとして語られる，いわゆる深い解釈を耳にします。**貫通されることへの抵抗**のように，このような深い解釈に対する患者の抵抗についても耳にします。けれどもこの抵抗は，さながら「レイプ」のように精神的にむりやり押し入られることへの健康な拒絶とも見られるでしょう。ですから私たちは，分析家についての患者の体験に目が開かれ続けている必要がありますし，患者のなかに私たちが観察するものは，私たちの分析家としての患者への対応のしかたによって生じている反応でもありうるとのことを覚えておく必要があります。

　したがって患者に観察するものに関して，私たちがこころに留めておかなければならないいくつかの異なった見方があるのです。しばしば，患者は私たちが**言っていること**だけでなく，そう言っているその**言い方**にも反応しています。言い換えれば，私たちがどのように患者を見ていそうなのか，そしてどのようにかかわっているのかに対応しているのです。

　幸せなことに今日では，分析関係への相互作用的で対人関係的な次元がか

なりきちんと考慮されるようになってきています[原注5]。というのは，もし私たちの仕事を分析するだけと見続けてしまい，関係における私たちの話すことの患者にとっての含みに目をつぶったままなら，たやすく私たちはこの相互作用的な見方を見落としてしまうでしょう。こうして分析家の作業のしかたに応じて実際に生じてくる反応は，採っている解釈的な考え方を証明していると分析家に見なされてしまうでしょう。

とりわけこのようなときに，**セッションのなかで患者への試みの同一化を行なうことを私は高く評価するようになっています**。試みの同一化の実践あるいはこの技法は，私が自分自身を批判的に見たり，とくにある特定の患者が知覚しそうな感覚から，自分がまさに今言ったことあるいは言おうと思っていることを患者の立場から考え直してみるのを援助してくれます。分析的な相互作用についてのこの見方は，私たちがいとも簡単に分析の思わぬ落とし穴に落ちてしまわないように相当支援してくれます。この種の予防措置がないと，精神分析はひとりよがりの証明になってしまう危険性をいつでもはらんでいます。短い例をここにあげましょう。

　ある女性患者が私に電話で「あなたの分析家を変えることはできますか」と尋ねてきました。察するところこの女性は，分析家とのあいだで何らかの問題に陥っていそうに感じられたので，現在誰かに見てもらっているかどうかを確認しました。彼女がそうだと答えたので，私は彼女と彼女の分析家とのあいだに私が入り込むのは不適切でしょうと伝えました。彼女が私とではなく，**彼女の分析家**とその問題を話し合っていくべきだと考えました。もし最終的に彼女がその分析をやめると決めたとしても，そのときになって次に行きたいその誰かとで考えていくことが適切でしょう，と。それがそのとき私が考えていたことでした[原注6]。

　何カ月か経って，この患者が分析家を離れたうえで私に会いに来ました。彼女は，私が「理解がひどく悪い」と考えていたと伝えることから話し始

[原注5] たとえば，Lewis Aron（1996）による，関係性／対人関係的見方についての優れた概説を参照。

めました。彼女は私にふたつの質問を向けてきました。けれども私は，あたかもひとつだけ私に尋ねたかのように答えました。彼女が私にほんとうに尋ねたかったことは，**別の分析家に行くことを必要とせず**，自分の分析家を変えられるのかどうかということでした！　なぜなら彼女は，最初の分析家をまったく変えられないと思い込んでいたか，そう考えていたのでした。そして今や彼女は別の分析家を探しているところでした。私に彼女が他の誰かを見つけ出す援助ができたでしょうか。

　私はそのとき，彼女の分析家は金曜日のセッションのたびに彼女の分離不安の解釈に明らかに時間をかけていたと聞きましたし，そして月曜日ごとにその分離から回復するのに彼女が援助を求めているとの分析家自身の抱く仮説を取り上げ，それに熱中していたようです。しかし，その分析家が考慮していなかったように思われたことは，この患者がのちに精神病になってしまったシングル・マザーに育てられてきたという点です。そのため患者は，唯一ほっとするのは自分の家に漂う雰囲気から逃れられたときだと感じるようになってきていました。その転移においてこの患者は，まるで母親のように分析家も迫害的で侵入的になってきているようにまさに体験しはじめていました。それで，この苦痛から救い出してくれそうな唯一のときとして週末を待ち望むようになってきました。こうして，彼女のこころのなかでは，金曜日はもう一息で分析家－母親から退けそうにあるときになっていましたし，月曜日は分析家から同じように誤解されてしまう新たな週に向けて気を引き締めなければならないときでした。しかしその分析家は，この事態についての自分の仮説を考え直せないようでした。こうしてついには，患者はその分析をやめるしかないと感じたのです。

　　原注6)　私はその後，たとえこの患者が同僚の分析家と面接を続けているあいだであっても，その以前の分析への不満を表し，その分析についてなんらかの理解のしかたを探すために，彼女のコンサルテーションに応じるべきであったと確信するようになった。それが，彼女が分析作業を続けるためにもっと効果的に彼女の分析家に向かい合うようにできたかもしれないし，もしくは分析家から離れる自由を与えたかもしれない。のちになってわかったのだが，終いにやめるのを決心するに至った彼女と分析家とのあいだの相当な危機が発生するまで，その分析に閉じ込められていると彼女は感じたままだった。

私たちの誰もが自分の分析作業のしかたは正しいという考えに捕まってしまい，患者からの矯正を求めなくなってしまうのだと改めて思い起こさせる教訓として，私はこの例をしばしば思い浮かべてきました。同様に私たちを正そうとする患者の試みを，あまりにたやすく，たとえば分析家を去勢しようとしているとか分析家を不能にしてしまおうとしているというように患者について想定されている病理と見なしてしまうのなら，大切なものを見落としてしまうのかもしれないのです。しかしある特定の患者には，私たちの分析作業のしかたでの何らかの変化が真に好ましい，ときとして不可欠であろうときがあるのです。

3．より広い文脈から見た精神分析技法

　私にとって精神分析技法にかかわる多くのものはとりわけ，ある種の精神分析技法とウィニコットによるあらゆる年齢の乳幼児や子どもの観察との比較から進展してきました。
　たとえばウィニコットは乳児は生まれたその瞬間から，意味を持つようになる「対象」と，生まれたばかりではいまだ意味を持っておらず，それゆえ侵襲として経験されていくものとを識別する能力をすでに持っているのに気づきました。さらに，乳児が乳房を発見していくために必要であり，乳児が経験している飢餓との関連で乳房を見つけ，授乳してもらう心準備ができるようになるための「ためらいのとき」（Winnicott 1958：4章）の重要性にも注目しました。乳児がためらいのときを与えられないとしたら，続いていかなる授乳がなされようとも，その授乳は服従になってしまいやすいでしょうし，情熱や生命感を欠いたものになることでしょう。彼はまた，母親が赤ちゃんにお乳を与えるという目標を達成しようとして乳児のおしゃぶり反応を搾取する場合には，乳児は性欲的に誘惑される，とも気づきました。
　では，これらの観察がどんな含みを精神分析技法に持つのでしょうか。もちろん，患者は乳幼児ではありません。分析家にはそう思われているかのような解釈を耳にすることもありますが，退行している患者でさえも母の胸に

抱かれた乳児と同じではありません。しかし，解釈のしかたはどんななのでしょうか？　解釈は提示される offered のでしょうか，それとも投与される given のでしょうか。さらには，解釈があまりに強引に投与されたとしたら，患者の反応はどんなものでしょうか。本当に噛みあうようになっていくでしょうか。あるいはむしろ，不健全な迎合的服従を引き起こすのでしょうか。もしくは（もっと適切に），服従よりもはるかに健康な反応であろう，与えられているものへの抵抗をかき立てるのでしょうか。

　ウィニコットは後の発達段階でも作動している類似のダイナミクスを認めました。たとえば，診察用舌圧子を扱う乳幼児の観察でのことです（Winnicott, 1941）。口のなかに差し込まれた舌圧子への幼児の健康な反応はふつう，抵抗であるといまではよく知られています。とはいえ，その子がひとり置かれていて，舌圧子を意味あるものとして発見したのなら，舌圧子に手が伸ばされ，舌圧子がそもそも意図されていた目的とはまったく関連のない，その子の創造性と遊びごころに密接に関連したあらゆる方法で遊ばれるでしょう原注7)。

　舌圧子の使い方の違いと分析の作業スタイルの違いとのあいだには重要な類似点があります。あるやりかたにおいては，分析家はみずからを解釈過程の熟達者だと考えているようですので，確信をもって与えられていそうな，患者が受け入れるか拒絶するかしかないほとんど選択の余地のない転移についての発言を患者のなかに押し込みます。この雰囲気で，しかも分析家があまりに確信しているように思われるところでは，ひっくり返してみたり，さまざまに試してみたりして解釈で遊んでみる余地はほとんどありません。

　洞察というものが，相互に考えてみられ，また（ときとして）それが真実であると力を合わせて見出されるようになっていくものだとしたのなら，解釈で遊ぶということはとても重要なのです。独断的教義的に与えられた洞察

原注7)　Winnicott がここで引き合いに出している舌圧子は，医者が咽喉を診察するときに使うステンレス製の，舌を押し下げる器具である。乳幼児にとってはたいていそれまで見たこともないぴかぴか輝く目新しい対象なので，乳幼児によって見出されるがままにしておくなら，それは何か興味を引くものとして体験される。けれども，こころの準備ができていないうちに口に押し込まれるなら，抵抗すべき何かとして体験されるであろう。

はたいてい遊びという特性を欠いていますし，それに代わって，師と弟子という関係にもっと近い関係を促進させそうですし，その関係には不可避に迎合的服従や偽りの自己の発達という付随するリスクがともないます。

　ウィニコットからのもうひとつの引用です。別のイメージを使ってみるなら，患者が解釈を自分のものとするのに必要ならそのプロセスにおいて解釈を変えていくように，患者が解釈を**何か意味あるものにできる**余地が必要なのです。技法のこの分野で，ウィニコットは「スクィグルゲーム（なぐり描きゲーム）」を考案しました（Winnicott, D.W.1965a and 1971a）。このゲームではウィニコットはある形を描いてみせ，子どもに何か意味あるものに描き足すよう誘いかけます。あるいは，子どもがある形を描き，ウィニコットがそれを意味あるものに描き足します。これらすべては，創造的遊びのもとにあります。さらにウィニコットは分析家と患者のあいだに遊ぶ能力がないことには，分析的達成の中核と彼が見なしていた創造的作業はまったくなされないと感じていました（Winnicott, 1971b:38）。

　もちろん，大人の患者のニーズは両親と一緒にいる子どもたちや，あるいは治療者とともにいる子どものニーズとは違っています。けれども，そのダイナミクスはとてもよく似ています。同じように，断固とした態度や対決が求められるときもあるでしょうし，また分析家は，ニーズが生じてきたときにそのニーズに合わせていかねばなりません（Winnicott, 1971b：11章）。しかしここでも同じく，両親といるときの子どもの発達的なニーズと分析家といるときの患者の心的情緒的なニーズとのあいだに引き続き類似点が見られます。うまくいっているときには，子ども/患者こそが，**いつ，何が必要**とされているのかを知らせてきます。そして堅固な態度を求めるニーズでさえも，その限界の在処を吟味していく過程で，患者から知らされるのです。けれども私はここで，**欲しいもの**wants ではなく，**ニーズ/かなえられる必要のあるもの**needs[訳注2] について話しているとのことをはっきりさせておきたいのです。

訳注2）　欲しいもの wants とは，本能欲動/エスの充足のためのものであり，必要なもの needs とは，自我の成長のために充足されるべきものである。

こうしたわけで，患者が私たちにたびたび与えてくるヒントへの注意を怠らないようきちんとこころがけていられるのなら，私たちが患者に耳を傾けること，さらにはそのプロセスについていくことがとても実り豊かになるのです。なぜなら，このヒントによってこうしたプロセスでの変化していくニーズ，すなわち空間を求めるニーズや堅固な態度を求めるニーズなどの変化に気づけるからです。

ゆえに誰よりもウィニコットによってこそ私たちは，解釈で伝える内容と同様に解釈のしかたをじっくり考えてみるようううながされていると思います[原注8]。そして，ひとつの解釈にもさまざまな性質がありえますし，患者からはそのそれぞれが分析家からの無意識のコミュニケーションとして，さらには分析家その人についてのコミュニケーションとして受け取られもするでしょう。また，分析家だけが患者を読み取ろうとしているのではないとのことを私たちは覚えておく必要があります。患者もまた，鋭く分析家を読み取ろうとしているのです。したがって患者が一緒にいる人物（訳注:治療者のこと）について，私たちの解釈のしかたに認められるサインに注目しているとのことにはなんら驚くべきところはありません[原注9]。

解釈は，以下のどれかの性質を持ちえます。すなわち，批判もしくは非難として，操作あるいは指示として，侵入または誘惑という性質です。解釈は患者への軽蔑ともなりえますし，ほかにもさまざまな性質を持つのです。ですから，いったい分析家はどういう人物だろうかと患者が思い始めるのも不思議ではありません。つまるところ，誰がこんなふうに話してくるでしょうか。それゆえしばしば患者は，分析家の介入の**性質**を無意識的に，いや意識的にさえ読んでいきながら，一緒にいるその人物についてたくさんの情報に

原注8) 私はここでも Robert Langs に感謝している。Langs は多くの著作で分析関係についてのこの重要な特性を同様に強調している。

原注9) Fiscalini はこの点について書いている。「分析家のパーソナリティと患者のパーソナリティのどちらもが，唯一無比な相互作用のなかで，患者と分析家それぞれによって検討される。転移と逆転移のパターンは，分析家と患者各自の閉鎖的な精神内界がもっぱら自生的に顕れてきているのだとするよりむしろ，分析にかかわっている両当事者によって共同して創造されているものととらえられる。言い換えれば，逆転移は部分的に患者の転移を作り，また転移において姿を現すし，また互恵的に転移は分析家の逆転移を部分的に形作るとともに逆転移のなかに姿を現す」(1994:122)。

基づいた像を作り上げるのです。ゆえに分析家は，フロイトがよく示唆したような真っ白なスクリーンには決してとどまれないのです。むしろ分析家は述べてみたようなやりかたで患者を取り扱いかねない人物として見られているのです。

4．技法に関する含み

　ふたりの人物が互いに働きかけている関係の基本型を思い浮かべてみるなら，それらすべてが分析関係にもつ含みを見過ごすわけにはいきません。たとえば，たいていの人が迫害的と体験するであろうやりかたで分析家が実際ふるまっているとき，分析家が患者の迫害不安のせいとしてしまってよいわけがありません。それに多くの解釈は，迫害的，侵入的，支配的，さらには侵襲的になりやすいのです。

　ある分析家たちの解釈のしかたや患者とともにいるその在り方について気づかれるかもしれない多くのこうした特徴があります。私たちは他人の分析作業に関してはずっと容易にそのやりかたや在り方を見ることができるにもかかわらず，自分の患者とでは（ときどき）誰もがこのようになってしまいやすいように思います。私たちはそれゆえ，**患者の見方から**患者との私たちの分析作業のしかたを注意深くモニターすることで，それらの危険の発生に注意を怠らないようにしていなければなりません。

　患者とどうあるのかについてこの種の用心が身についていないのなら，あやまって患者の病理の一部と見なしてしまう気持ちを抱いてしまいかねません。そして患者に関するかぎり，このあやまった理解を解釈して追い払ってしまうわけにはいきません。もちろん私たちは，自分自身の気づきからはこのあやまった理解をいつも解釈することによって追い払ってしまえるでしょう。しかしこの戦略は，患者の目をそらせるものではありません。

　私たちは作業のしかたにおいて，何が健康なつながりを促進させ，何が妨げるかを常にモニターしておく必要があります。というのは，分析家によってはやっていそうに思える，ひとりの人物がもうひとりの人物のこころにひ

どく侵入したり，患者にとても侵襲的であることが健全であると言えそうな関係はけっしてどこにもないからです。

　これに関連してとくに，分析家の紹介を求めてコンサルテーションにやってきたある女性患者を思い出しました。彼女はすでにある分析家に会っていましたが，彼女はその分析家との初回面接で「冒涜された」（彼女のことば）と感じていました。極東[訳注3]からやって来たこの患者は，「あの分析家は，私が許しも招きもしないのに，こころの中にずかずかと入り込んでくる資格を与えられていると思っているようでした。それに彼女は，自分の靴を脱ぐことさえしなかったのです」と付け加えました。もちろんここには，たいそう異なった文化的な規範がほのめかされていることに気づかれるでしょう。けれどもこのイメージにある，私たちが会う患者のこころやプライバシーについて私たちが抱いていたりいなかったりする敬意の程度に関しての強力なメタファー（隠喩）に，私は強く印象づけられました。患者と取り組んでいる臨床作業では私たちが普段におこなっているよりも，この支配性や侵入性に対してもっと感受性鋭くある必要がおおいにあると思います。

5．患者の中の精神病領域への種々のアプローチ

　「深い解釈」を通してのみ，分析家は患者のこころの精神病領域にたどりつけるとの共通認識があります。私はこの認識に異議があるのです。それは，とくにこの（いわゆる）深い解釈が，精神病的とそこで**見なされる**ことになってしまう，こころの状態を患者にときに実際**誘発する**のを見るからです。けれども，そこで観察されたものが必ずしも患者のなかにある真性の精神病的なものの証拠であると必ずしも受け取られねばならないわけではありません。また，深さの足らなかった解釈では，届かなかった患者のなかにある精神病の「島」を分析家が露わにしたことを意味するわけでもありません。

　私の経験では，もし十分なこころの自由と空間が与えられるなら，必ずし

訳注3）　英国から見た極東 Far East，すなわち日本，中国，韓国などを指す。この女性は日本人かもしれない。

も患者が自分の精神病領域を隠し続けるままにはならないのです。しかしながら，心的空間が欠けているときには，はるかに*隠せる*ものは隠し続けようとしがちになります。そのとき分析家が精神病を思わせる反応を引き出しそうなしかたで解釈するとしたら，このアプローチに何の得があるでしょう。患者が自分の精神病的な考え方をもっとはっきり認識できるようになる代わりに，分析家という人物さえ迫害的にふるまってくる世界に自分はただ対応しているにすぎないと信じるにたるさらなる証拠を見るでしょう。教訓的な短い例を提示しましょう。

　今からずいぶん前になります。私の患者であるひとりの男性が心理療法家になるためのトレーニングを受けようと，分析家によるレポートの提出を定めたある訓練組織に応募しました。私にはレポートを提出すべき義務はありませんでしたので，このとき私は提出しないことにしました。するとその患者はトレーニングを断わられました。彼は次に，分析家からのレポート提出を求めない別の訓練組織に申し込んで，それは承認されました。
　やがて，分析空間へのいかなる侵入も許さないし信頼は裏切らないという私の主張が保持されたという理由をおもなものとしてこの患者は，トレーニング応募への私の支持を失うという処罰を受けないかとの恐れゆえに，以前には用心深く隠し続けていたパーソナリティのなかの精神病領域を，私とのあいだで顕わにしていっても安全であるとの感覚を持つようになりました。
　それからしばらくの間，私は華々しい精神病性の空想に向き合っていました。この精神病性の空想は彼とのあいだでの私の作業のしかたによって引き起こされたものではなく，明らかにそれとは対照をなしていました。患者までもが精神病性のそれがわかりはじめたのでした。それゆえ彼は偽りなく自分の一部として，これらの深く秘められていた精神病性のこころの働きを認めないわけにはいかないと感じました。そして彼は認めていきながら，私が驚き不安がっているわけではないし，彼がいまや顕わにしているものが彼への私の態度を変えもしないことも見出していきました。結

果として，最も深く秘められたものが分析に持ち込まれ，そしてその秘密を安全に包み込んでもらえると患者はわかり始めました。

　その後この患者は，私がうながしたわけでもなく，他の人たちの精神疾患に拘束されることのない人生を生きていくために，心理療法トレーニングをやめることを選択しました（しかし彼の分析は続けました）。このそれぞれは，分析において，彼自身のなかにある精神病の領域を直視できるようになったからでした。しかしこの変遷は，彼の分析家として彼とともにいる私の働き方での迫害的な態度や，他者の侵入に侵害されないまったく自由な空間を彼に私が提供した結果として，初めて可能になったと私は考えています。

　そうしたわけで，ある人が迫害されているときに迫害されていると感じるのは精神病的ではありませんし，またコントロールされていたり操作されていたり，軽蔑的な対応をされているときにそのように感じるのは，精神病的ではないとのことは覚えておきたいものです。しかし分析家が，患者の（分析家としての）自分についての知覚に寄与していそうな自分の在り方からみずからの注意をそらす理論で武装しているのなら，**分析家による患者についての重篤なあやまった知覚**が不用意に働きます。そうすると分析家は，自分が患者によってどのように知覚され体験されているかのそもそもの根本原因となってしまいかねません。この事態が認識されていない上に，決め込まれてしまった患者の病理の点からあまりに追及されていくなら，まずもって行き詰まりを引き起こしてしまうでしょう（Rosenfeld, 1987）。

　ですから，適切な自己モニタリングがないと，分析家は病原性を持つ親のようにふるまってしまうやもしれず，さらにそれに必然的に付随するあらゆる結果がもたらされます。この点をサールズ Searles は，論文「他者を狂気に駆り立てるための努力」[原注10]においてみごとに記述しています。

　原注10）　この論文は1959年，英国医学心理学雑誌　32;1-18の初出である。

たくさんの早すぎる解釈をしてしまう経験の浅い分析家もしくは無意識にサディスティックな分析家はそれによって，患者を精神病に駆り立てがちであるとのことがわかる。分析家の意図的なねらいに沿って，より時を得た解釈をとおして患者が過去に抑圧していた素材を徐々に自分のものとして理解していくよう手伝って自我を強くするより，むしろその解釈によって患者の自我を弱めがちなのである（Searles, 1965；256）。

　ときに分析での患者は，自分に関して決めつけられていることにきちんと発言できない状況に捕らえられてしまいます。そうしたときには患者は，異議がはさめない解釈にさらされてしまうでしょう。そうなると患者はその分析家を見限って去っていくか，分析家に降伏するしかありません。しかしくだんの患者がトレーニングのさなかの分析家（訳注：つまり資格のための教育分析中の研修生）であり，自分の分析家を離れてしまえばトレーニングすべてが危機に陥るとしたなら，そこにはいずれ分析家が見ているように見るようにとのものすごい圧力が患者に加えられているでしょう。このプロセスでの抵抗する段階が続いて患者が言いなりにならないなら，それは（たとえば）予想された「妄想－分裂」の態勢である，とされてしまうかもしれません。さらに，結果としておこる降伏は（それが起こったときには），「抑うつ」態勢に達したとされるでしょう。たとえこれがひとつの理論にうまくぴったり一致するとしても，それは（この文脈においては）その理論が必ずしも真実であるとのことを意味しているわけではありません。

6．精神分析と服従の問題

　私の考えでは，精神分析にとって，なかでもトレーニング中の精神分析家にとって最も重要な問題のひとつは，服従や追従にかかわるものです。もっと建設的に言うなら，分析における根本的な問いは，分析が患者を従わせたいとするプレッシャーからほんとうに自由なのかどうかです。他のいかなる関係よりもこの関係においてこそ，患者が自由に発見できるようになれるよ

う，さらにもっとも自分自身らしくあるように，結果を恐れることなくこころにあることはどんなことであろうと自由に話せるようにあるべきです。少なくともそれが精神分析の理論です。

　すでに述べたようにウィニコットはとりわけ，侵襲的な環境の結果生じてくる，発達や自己‐状態を歪めてしまう影響力に関心を抱いていました。そして（ウィニコットのような）人間の成長や発達，さらにはその病理での環境因子をもっとも直接に経験してきた人たちがしばしば，精神分析家として働くようになったときに環境面をもっとも考慮に入れる人たちであるのは当然と言えます。面接室の外でのこのじかの生活体験から守られてきていたように見える分析家は，そうした環境に前から深く身を置いてきた人たちから多くを学べるでしょう。

7．精神分析のトレーニングでの圧力と服従

　『遊ぶことと現実』のなかで，ウィニコットは言っています：「素材の熟成に基づいていない解釈は，洗脳か服従を産み出す」と。またほんの少し後に「患者が遊ぶ能力のないときの解釈はまったく役に立たない」と書いています（Winnicott, 1971b: 51）。

　患者にとってさらには分析家にとっても，新たな成長や新たな人生を可能にする潜在的な力を持つ精神分析の在り方について，いくらか概説してみました。けれども私の考えでは，精神分析における最大の利益は，分析家からもたらされるかもしれない圧力から解放された，ほかには見られない自由を内にもつ分析空間という領域に見出されるものなのです。カンバーグ Kernberg はこの問題を，論文「精神分析研修生の創造性を壊すための30の方法」（Kernberg, 1996）において浮かび上がらせました。ほとんどの精神分析のトレーニングを見てみるなら，研修生を服従へとたびたび向かわせるあらゆる種類の圧力が働いているのを知るようになると彼は指摘しました。なんと逆説的なのでしょう！

　精神分析のトレーニングでの指導者は，しばしば所属するインスティテュー

トの聖職者として機能しています。そして伝統的に聖職者らしい機能とは，**そのままの状態**を支え，それを薄め徐々に侵食してきそうなあらゆるものから守り，純粋さを保ち続けることにあります。そうしたわけですから，訓練指導者が，独断的教義となってしまいやすい立場から教えてしまうのは稀ではないのです。ときとして，確信として聞き取られ始めるほどの確かさのもとに教えるのです[原注11]。そしてある種の訓練分析においてと同様に，スーパーヴィジョンや臨床セミナーにおいてもこの立場が見出されます。そこで，教えられている内容に，もしくはある場合には分析の営まれ方に，研修生があえて疑問を問うとしたら，その研修生に立ち向かいようがあるでしょうか。

　精神分析のトレーニング中の研修生が過度に確信に満ちたある体系につかまってしまうなら，何より個人として考え感じているものに忠実であることが極度に難しくなってしまうでしょう。もし思い切ってもっとはっきり意見を言うとしたなら，とりわけトレーニングをもっと批判するなら，期待されているものにうまく折り合えていないと指導者から病理扱いされてしまう危機に瀕するだろうと感じていることを，研修生たちはときに語っています。

　この圧力をかけて従わせた結果として，訓練分析によっては訓練中の分析家／心理療法家に偽りの自己という変化を引き起こしましょうし，そして同じようにトレーニングの様相によっては偽りの自己での服従を促進させるでしょう。その影響は，偽りの自己が機能する領域において現れるのみならず，ときに**攻撃者への同一化**までももたらします。ひとたびそうなった研修生が（訳注：分析家や心理療法家の）資格を得たあとには，次の世代にあたる患者たちは確実さについての同様な態度のもとに治療されるでしょうし，こうしてこのプロセスは続いていきます。そのプロセスは，最良の精神分析の精神や中核とはまったく正反対になってしまいます。

　さて，いくつかの真剣な問いに戻りましょう。この百年に精神分析はどこにたどり着いたのでしょうか。そして私たちは，精神分析のもつ創造的な潜

原注11）　精神分析が独断的教義に向かうその動向を書いている Kirsner は「トレーニングは教義の伝道となって，あいまいさ，知らなさ，不確かさに基づく方法よりも知識という誘惑的な幻想にある真実を歓迎した。正統性は，精神分析家がより信心深くなったことで報われた」と述べている（Kirsner, 2000:9）。

在力を精神分析が全うできるところへ「たどり着いている/目標に到達している」のでしょうか。

　精神分析は創造的に変化するための適切な機会や新しくいきいきと生きることを提供しうる可能性をたしかにもっています。しかし同時に，精神分析は圧力をかけるという，とくに権威という圧力を加えるとの非創造的（なおかつ非分析的）実践を展開しつづけていると私は強く思います。精神分析のトレーニングの多くで全体を通してさまざまな圧力が支配的であるように，精神分析の実践のあるものでは権威のこの圧力的使用が認められます。けれども，これらの圧力は精神分析とは正反対のものなのです。こうして次世代の分析家や心理療法家に向けた訓練方法において，私たちは精神分析には**もっとも望ましくない**いくつかのものを実際に育んでいましょう。そして私たちのなかには，私たちがこの問題につかまってしまっていることさえ認識できていないような人たちもいます。というのは，私たちは慣れ親しんでいる治療のしかた，さらには私たち自身が受けてきたやりかたとよく似た治療のしかたをそのまま続けて過ごしてしまっているかもしれないからです。

　もうひとつの非分析的な圧力は，分析家の先入観から生じています。そしてこの先入観も分析体験に損傷を与えるほどに患者のこころの空間を侵害してしまいます。ここにあるパラドックスは，**私たちが知れば知るほど，あるいは知っていると思うほどに，その知識を使うことに注意深くある必要がある**とのことです。ですから私たちは私たちがすでに知っていると確信していることを，患者をとおして再発見する必要があります。そしてこのずっと慎重な患者へのアプローチは私の考えでは，私たちが受け入れている理論や別の臨床経験から当然であると私たちが思っているものをあてはめるという近道をとろうとするときよりも，精神分析のもつ潜在的な可能性をはるかに裏切らないものなのです。

　最後に，ある患者が私に教えてくれたことをお伝えしましょう。ともに分析作業に取り組んでいたその作業のなかで，彼女は私に言いました。

　　とても興味深いことに気がつきました。サンスクリット（梵語）では，「確かさ

certainty」という言葉は,「拘禁 imprisonment」という言葉と同じなのです。そして,「不確かさ non-certainty」という言葉は「自由 freedom」という言葉でもあるのです。

　分析作業において確かさは,患者を拘禁するぞと脅しそうにあるのと同様に,分析家も拘禁してしまうとの事実を私たちはこころにしっかり留めておかねばなりません。ですから,精神分析と呼ばれているものを実践している私たちひとりひとりは,次の問いと向き合っているのです。「私たちは分析の実践によって自由になっているのでしょうか。それとも,分析実践によってずっと拘禁されてきているのでしょうか。」そして,私たちそれぞれにとってのその答えは,私たち自身にわかりきっていそうなそれではなく,私たちをよく知っている人たちの方がもっとはっきりわかっているでしょう。

第2章 精神分析でのあやまちと，あやまちを避けようとすること[原注1]

> あやまちをおかすのをあまりに恐れるものは，結局何もなさないままに終わってしまいましょう[原注2]。

はじめに

　精神分析において避けられないことのひとつは，しばしば精神分析家が「まちがって」しまうことです。もちろん，そうしないよう私たちは努めています。しかし私たちがそうでありたいと思っているほどには，まったくまちがえないわけではないとの事実ははっきり直視しなければなりません。ですからこの章では，精神分析や心理療法に共通しているさまざまなあやまちと，そのあやまちをよりうまく避けられる方法を考えていきます。さらにはあやまちによってはそれが分析過程そのものに不可欠な部分になっていく，その筋道も考えてみたいと思います。

　分析家が書いたあやまちに関する文献はほとんどありません。けれども，このテーマを扱っている数少ない論文のひとつに，ジュディス・チュウズドとデビッド・ラフリン Judith Chused and David Raphling の論文（1992）があります[原注3]。著者たちは次のように言っています。

> 分析家の多くは，技法手順の理想化や完全さへの信念のために，技法上の誤りが分析状況での不可欠な局面であるという認識を遠ざけてしまっている。理論解説や

原注1）　この章は，ロンドンの精神分析インスティテュートの入門講座（1991-1994）でのこの演題での講義に基づいている。
原注2）　この文句は随分前に耳にしたのだが，私にはいまだ出所がわからない。
原注3）　Levenson（1992）も参照。

臨床公式の証拠として用いられている文献での臨床ヴィネットやケースレポートは，完璧な技法という印象を与えるように書かれている。この空想は私たちの伝統的な教育法やスーパーヴィジョンによって強められるし，非のうちどころのない技法へのあこがれを研修生に植えつける。……いつでも技法上の過失は起こるし，それは分析作業の日常的な部分と考えられるべきであるとの知識にもかかわらず，こうなのである。

(Chused and Raphling, 1992;89-90)

　分析家があやまちをおかすことは避けられないのですから，患者が分析家を正すための余地がいつでも保たれていることや，分析家は正されることにもちこたえられるだけでなく，患者による訂正のための努力を肯定的に使える余地がいつも保たれていることこそが大切なのです[原注4]。

　解釈の内容をじっくり考え，その解釈が「正しい」のか「まちがっている」のかを検討することに加えて，分析家の**スタイル**が患者その人に適しているか，あるいは解釈があまりに独断的，もしくはためらったものになりすぎていないかを深く考えてみる必要があります。さらには（第1章で）述べたように，洞察が**投与された** *given* ものなのか，それとも**提示された** *offered* ものなのかは，患者にとっては本質的に違うものです。パーソナルな真実は，黒か白か，善か悪かという点からはまずもって理解されるものではないとの見解が想起されるのなら，この違いはますます重要になります[原注5]。分析的な洞察は一般に，あるものを異なる見方から同時に見てみることを含んだ，複雑な混合物なのです。**すべて**こちらであってあちらではまったくないとか，**必ず**だとか**絶対ない**とかは，めったにないのです。けれどもそれがしばしば患者の人生の見方なのです。ですから私たちも，こうした「すべてか無か」という見方で患者について考えているかのように聞かれてしまわないよう，

原注4)　Langs（1978）を参照。
原注5)　面接室のなかであろうと臨床セミナーにおいてであろうと，臨床素材を理解していこうとする作業は，**砂場での遊び**によく似ていると私はしばしば思う。砂場では私たちは，「正しい」か「まちがっている」かに焦点を絞る法廷にいるのとはちがって，さまざまな「かたち」を試してみる。ただもちろん，分析のある時期にはその患者にとって**あるものが**正しいとか，**あるものはまちがっている**というときがあるし，私たちもそれを考慮する必要がある。

とくに用心しておく必要があるのです。

　それゆえ私たちは，あたかも真実と見なしているかのように，さらには「あなたは……（なになに）です」というような私たちがあたかも修正のない真実と信じているかのように聞こえてしまう患者についての表現をするよりむしろ，患者と分析家のあいだで検索されていく部分的な真実として解釈していくやりかたをしばしば必要としています。それでもなお，述べてきたようなやりかたそのままに患者を言い表せると信じているかのように，年中解釈しているように思える分析家の例をよく耳にします。

　さらに考えてみたい分析家のスタイルのちがいは，そのスタイルが作業同盟を作れるようにするものか，それともよりよい理解をめざした分析家/心理療法家^{原注6)}との患者の共同作業の余地がまるでない作業同盟を作れなくしがちなものかどうかです。

1．独断的，それとも，ためらいを含んで

　独断的なスタイルで分析家が働いているときには，「知っている」熟練した専門家に世話されているように感じるとの安心感を患者に与えるといった利点があるようです。けれども，それは迫害的にもなりうるのです。患者を投与された理解のしかたにつかまえるぞと脅かすのです。それにこのスタイルは，不必要に患者の抵抗をあおりそうにもあります。そうなると，分析家によって抵抗と見なされるものすべてが必ずしも病的なものというわけではありませんし，さらなる解釈によって除去せねばならないわけでもありません。ときにはこの抵抗らしきものに分析家自身が寄与しているところをじっくり考えてみるよう求める態度，すなわち分析家の働き方に対しての**健康な抵抗**もあるでしょう。

　原注6）　不要な反復を避けるために，ほとんどの場合に「分析家/心理療法家 therapist（訳注：文脈の流れから「治療者」とも訳出している）」に言及するのに「分析家」か「心理療法家」のどちらかを使うことにする。

例 1

　ある患者は私に議論を挑む強い姿勢で構えているようでした。そこで私は，患者は自分の姿勢を考え直そうという気はないと見て，かたくなになるというこの患者には馴染み深い傾向という点からアプローチしました。しかし事態をこの点からさらに追っていくやりかたは，患者が私とのあいだでやっていると私が思っていたのとほとんど同じやりかたで，私も患者と対立した状態にはまり込んでしまうだけのようでした。そこで私は，断固とした姿勢を続けるのか，それもときとして不可欠なのですが，それとも（おそらく）別の見方から何が起こっているのかを考え直してみるのかどうかを選択しなければならないようでした。たとえば，私のほうが私自身の考え直せないとの失敗を患者に投影しているのかもしれません。

　ここでは私は，患者に次のように言いそうです：「このことについて，変わるのをもっとも拒否しているが，私たちのどちらなのかははっきりしません」。もちろん患者は，すべての責任を自分のものではないとして私におしかぶせ，この事態についての私自身の部分を考えようとする私の心準備を食い物にするかもしれません。それはそうなれば，慎重に検索する必要が出てくるものなのですが。あるいはこの発言が，私たちのあいだに起こっている事態を双方がじっくり考えるように，ちょうど私がそうする心準備をしているように，患者もこの潜在的な行き詰まりに対して歩み寄るよう勇気づけるかもしれません。

　分析家が分析過程をコントロールしようとしているのか，それとも分析過程についていくようにしているのかによっても，重要な違いは生じてきます。分析家が確信ありそうに見えれば見えるほど，患者によって正されるのは難しくなります。それとは対照的に，（「おそらく」，「たぶん」，「……なのか，どうでしょうか」といった）もっとためらいを含むスタイルなら，患者をもっと容易に作業同盟に加わりやすくするでしょう。しかしここでも，ときとして患者が分析家にもっと断固としてもらいたい，権威的でさえあってもらいたいときに，**あまりにしばしば分析家がためらいがちにあり過ぎる**ことには

注意が必要です。けれども，解釈のこのふたつのスタイルのどちらか一方をすぐさま堅苦しく選択する必要もありません。

例 2

患者は，傲慢になってしまっているようです。それに向けて「あなたは，傲慢です」と分析家が言ってしまうなら，患者は非難されたと感じて抗議してきそうです。

ここでつかの間の予行をしてみようと，患者に試みに同一化してみるなら，「あなたが，いくらか傲慢になっていそうなときがありますよね」と伝えるほうがもっとよいようだとただちにわかりそうです。この言い方では少なくとも時間を無限にしていませんから，患者が傲慢ではない，もしくは今ほどは傲慢でないときがほかにあるという余地を残しています。こちらのほうがこの傲慢さの出没を患者がはるかに考えてみやすくしますし，**この傲慢になっている**態度が生じてくる境遇を認識し，さらにはその奥の，傲慢さにある防衛機能を見つけ出しやすくするかもしれません。結果として，もっと批判的な直面化である「あなたは傲慢です」から出てきそうな結果よりも，傲慢さについてのよりよい理解をめざした分析過程の一部として実りがはるかにもたらされそうです。

ですから分析家が解釈をどのように言い表すかは，このようなわずかな違いでさえも患者にとっては大きな違いになりますし，この違いが分析的同盟を育てるか，それとも同盟を腐食させてしまうかにとても大きな影響を与えうるのです。患者その人が自分の困難さに目を向けていくときにもっとも快く援助を受けられそうな解釈のしかたを深く考えるために，（そのセッションのなかで）患者との試みの同一化を私たちが使ってみることによってこのような違いにたいてい気づけるのです。

ゆえに一般に分析作業は，患者が防衛的になりそうな刺激を一緒にしないようにしておくほうが，よりうまくなされるのです。性格防衛が強固過ぎて，認識し始めそうもない何かを見るようひどく揺さぶるやりかたを見つけねば

ならないと思えるほどの患者を持っている，というのでないのならばですが。
　ついでに言うなら，ここで私が主張しているポイントは，ささいな，屁理屈のようにさえ聞こえかねないもののようです。しかしながら私たちは患者と試みに同一化することを通して，技法について多くを学びうるのだと私は思います。それは，解釈に修飾語を付け加える努力が役立ちそうなときといった他のたくさんの機会に気づくのを助けてくれます。そうすると患者は，その解釈が*いつも*真実であるというわけではないのだからなどと，それが決して真実ではないかのように私たちに抗議しなければならないと感じたりせずに，私たちの言っていることを（部分的な）真実であるともっとたやすく考えやすくなるかもしれません。しかし私は条件付の解釈を語ることで，難しい争点から手を引くように言っているのではありません。あまり焦点が絞られていない出発点から始めてより特定されたポイントへとアプローチしていくなら，ときとしてより効率よく作業できると言っているのです。
　けれども，分析や心理療法のなかにとても深刻な問題があるときのように，分析家がためらいがちであるよりも堅固にいてほしいと患者が望むときがあります。たとえばある患者は，分析家が理解しそこなっていると伝えているのかもしれません。そうだとしたのなら患者は，分析家がこのコミュニケーションに持ちこたえられるし認識できるのだとはっきり聞き取る必要があります。ここでは気弱になってはいけません。「ちょうど今，私があなたを理解していっていないと，**あなたは感じているようですね**」といったようにはっきりと言うのです。それは，分析家は理解していこうとしているつもりであるが，患者はこの事態にきちんと気づいていないとこの時点でも示唆していることでもあります。むしろ，「私があなたを理解していっていないという印象を，私はいま感じています」というほうがもっと適切かもしれません。
　問題点についてのこのもっとはっきりした認識は，理解されていないとの患者の知覚を分析家が真剣に取り上げようとしていることを少なくとも伝えるでしょう。一方，ここでのもっとためらったコメントは，理解されていないと感じているのはあたかも**患者の誤り**にちがいないかのように，問題を患者に戻し入れるかのようです。そしてさらには，分析家と患者とのあいだの

なんらかの客観的現実というよりももっと転移の問題であるかのように話すのであれば，この問題点をただ混乱させてしまいそうです。そうした結果分析家は，何かここに実際の誤解がありうるだろうとはあたかも気がついていないかのように，患者についてのみずからの理解を再考する意思はないようだと経験されてしまうかもしれません。もしくは，患者に批判されるのに防衛的なのだと見られそうです。しかも分析家へのこの見方は，そのセッションあるいはそれに続くセッションに出てくるもののなかにしばしば姿を現してきます。

　分析家が断固としていることが重要なもうひとつのときとは，分析/心理療法が危機に瀕しているときです。患者はその事態が正しく認識されているのを知る必要があるのです。というのは，そうして初めてたとえどんな問題であろうとも——それはときおり，患者と分析家のあいだに生じている問題でありそうですが——その問題に適切な注意が向けられるチャンスがあるだろうからです。

2．患者による無意識の批判

　私たちの患者についての理解がまちがっていたり，治療や分析でまちがった取り扱いかたをしてしまっているとき，その事態に気づこうとしているのなら，そのまちがいを認識させる有用な助言をたびたび私たちは与えられています。ですから幸運にも，患者を理解したいとの切なる願いにおいて，私たちはまったくのひとりぼっちではありません。分析家によっては，自分のなかに洞察の唯一の源泉が見出されるかのように働いている人たちもいるようですが，患者も面接室にいるのです。

　草分けとなった論文「分析家にとっての治療者としての患者」（Searles, 1975）においてハロルド・サールズ Harold Searles が表明した見解やラングス Langs の*患者による無意識のスーパーヴィジョン*（Langs, 1978）という考えに基づいて，私が*無意識の批判*と呼ぶようになったものを，患者がさまざまなやりかたで分析家に与えていると気がつくようになりました。こ

の批判は，基本的に四つの形に分けられます。

　第一番目に，おそらくもっとも馴染み深いものとして，**置き換えによる無意識の批判**があります。このやりかたのときには，誰か他の人が批判されているのを私たちは耳にします。分析でまちがえてしまっている何かについて，そこに患者がほのめかしているのを私たちは知るのです。例をあげてみます。

　　ある患者が，その彼とともにどこにいるのかがわかっておらず信頼できない上司について語っています。また，その上司は一貫性がないと経験されています。ここで私たちはこの発言の背景にある次のコンテクストに気がつきます。すなわちこの発言は，治療者によって持ち込まれたセッション時間の変更のあとに聞かれています。比較的最近にこの治療ではこのような変更が何度かなされていました。

　二番目として，**対照contrastによる無意識の批判**があります。この批判では，患者が誰かをほめます。とりわけ理解できる人，細かに注意を払いながら働く人をほめます。この種の発言を，患者からの無意識の助言かもしれないものとして耳を傾けながら，じっくり考えてみることはしばしば有意義です。**確実に理解したり，細やかな注意を払いながら働いている**人たちがいるとのことを私たちが思い出せるようにしているのでしょう。こうして私たちは，その患者を**私たち**がどれほどきちんと理解できているのだろうか，**私たち**がどのくらい細やかに注意をはらって働いてきているのだろうかとのことに思いをめぐらしていくのでしょう。例を示します。

　　あるセッションで私は患者の話に戸惑ってまごついていました。私は理解していませんでした。そこで彼女は尊敬するある人物の働いているありさまを語りました。この同僚について「木を見るのではなく，森を見る人です」と言いました。この発言が，私に見えていないものが何であるのかについて考えてみるよううながしました。私は言わば「木」にとらわれていて，この患者が私に語ってきていることの全体像を見落としていた

（「森」を見ていなかった）ようでした。

対照による無意識の批判の例をあげてみました。この批判に耳を澄ましておくなら，患者との作業のなかで私たちそれぞれが気づくよく似たたくさんの例に出会います。

3番目としての**とり入れられた照らし合わせ**introjective reference**による無意識の批判**があります。この批判のときには子どもたちと同じように患者も，きちんと世話されているという感覚を，**とくにそうされていないときに**，事態がひどいものになっていることの責めを，自分に向けるやりかたによって保護しておこうとよくしているのに私は気づきました。子どもや患者は誰か他の人たちの欠点をとり入れるようです。そしてそれからそのひどくなっているものが何であれ，それについて自分を責めます。このやりかたの役目は，自分たちがそうされていると信じたいほどには，きちんと世話されていないのを知らないままにしておくことのようです。例をあげましょう。

ある患者が，最近運転中にほかの車とこすってしまったそのありさまを話しました。それはすべて自分が悪いにちがいないと感じたと，彼女は急いで付け加えました。私はここで，私がこの患者とのあいだでしてしまっていた最近の「こすり傷」を思い出しました。そしてそれもすべて自分が悪いと彼女が思ってきていたと気がつきました。おそらく患者のこすり傷には，私も自分では認識していないやりかたで寄与していたのでしょう。この気づきから，私は患者との最近のやりとりをもう一度考えてみるよううながされましたし，そこで彼女への私の逆転移を再検討していきました。

気づこうとする意志があるのなら，自分自身の臨床で私たちの誰もが似たような例を随時見出すだろうと思います。

最後は，**ミラーリング**mirroring**による無意識の批判**です。患者があたか

も鏡を抱えているがごとく——無意識にまねることによって分析家/治療者についての何かを指摘している——のを，ここでは見出すでしょう。スーパーヴィジョンからの例を示します。

　男性患者がひどく動揺して，女性治療者に自分を理解していないようだと言いました。治療者は防衛的になり，自分が**たしかに**理解していると（少なくとも，自分自身に）示したくなって，転移解釈を意図して解釈しました。治療者は，母親に理解されていないと感じた体験を患者が彼女とのあいだで繰り返していると指摘してみました。この解釈に患者は同意したようでした。母親が以前に，たびたび理解しそこなってきた，そのありさまについての新たな話をくわしく語りました。

　このスーパーヴィジョン過程で私は，このセッションの前半にたくさんのコミュニケーションのずれが起こってしまっているのに気づいていました。患者との試みの同一化を通して私はすでに，治療者の言っていることのいくらかに居心地の悪さを感じていましたし，当然この患者も理解されていないと感じているのだろうと感じていました。そうして，（転移という名のもとに与えられた）この介入でもって，治療者はセッションのなかのもの——それは**治療者**に厄介なものだったのでしょうが——から患者を，**他の誰か**にとって厄介過ぎる別のとき（そのセッションの外側）へとそらしてしまいました。

　もうひとつ，このとき私が気づいていたのは，患者が治療者に従って行動していることです。患者も治療者がそらしたのに従って，主題を変えました。これを私はミラーリング——**治療者がまさにしたことを行うこと**——と見ます。そしてこれはときに（無意識に）このセッションのまさにこの今において，（この例のように）批判が自分にあてはまるだろうとの考えに耐えられなくなっているかのように，患者に見えている治療者を保護するためでもあります。

　私たちは患者からの無意識の助言をさまざまに取り上げられるでしょう。しかし私たちが，患者の寄与を**建設的**でありうるものとして考えようとする

ときに初めて，私たちはその助言を取り上げられるのです。私たちがあまりにたやすく患者は「狡猾だ」という見解を抱いてしまうのなら，患者のこの潜在的な陽性部分は見逃されやすいでしょう。不幸にもときおり，分析作業への患者の寄与は肯定的にとられるよりも，ほとんど否定的に受け取られます。このように治療者の側の本質的に批判がましい見解が時を越えて，患者や分析過程を深刻にその基礎から侵食してきたと思います。とりわけ，おそらくかつての自己愛的傷つきへの反応として，自己愛的防衛を発達させるようになった患者とのあいだに，このことがあてはまります。

3．内なる対話：まちがってとらないようにすること

　前章で述べたように，こころの中のスーパーヴィジョンの一部としてセッションのあいだに内なる対話を続けることはとても有用であると思います。練習を重ねると，自分と患者とのあいだの相互作用についての，さまざまに異なる考え方を自由に移れるようになります。

　私のこころに，家族療法や合同夫婦療法といった，ふたりの治療者がいる治療形態から学んだモデルがあります。一緒に上手に働けるようになっている共同治療者がいるとき私たちは，「わからなくなって途方に暮れ」始めるといったところまでも，家族やカップルのダイナミクスへと引きずり込まれてしまう危険なところに自分を置くことができます。そこでは，もうひとりの治療者は起こっている事態を観察し，理解しながらじっくり考え，コメントするよう頼られていましょう。このようにひとりの治療者が，もうひとりの治療者を救ってくれるでしょう。

　私たちがひとりぼっちで働いているとき，（言わば）「ふたつの頭」を持つという感覚を発達させられるなら，それは役に立ちます。ひとつの頭は患者のダイナミクスにいささか引きずり込まれる覚悟でおれましょう。そしてもうひとつの頭では，起こっている事態をモニターしておれるでしょう。すなわち起こっていそうな事態を理解でき，（終いには）解釈できるための十分な距離を回復するために，ダイナミクスをじっくり考えるのです。

ですからこの内なる対話において私は，こころの一部を患者に試みに同一化している状態に維持しておこうとします。それをするのは私が言ったばかりのこととか，（むしろ）言おうと思っていることを**その患者の立場から**深く考えるためです。この試みは体験をいつも豊かにしてくれます。と言うのは技法に関して言うなら，私たちの言っていることや患者への表現のしかたについてはどんなに気をつけても気をつけすぎるということはないからです。

この分割された意識は，患者に勧められるものと似ており，**観察する自我**と**関与する自我**という点からも概念化できます（Sterba, 1934）。あるいは，私たちが考えていることと感じていることとのはざまに耳を傾けます。垂直思考とともに水平思考を斟酌(しんしゃく)しておくことで，私たちの意識をさまざまなふうに三次元に保てます。このあり方が，不毛な紋切り型になっていく解釈へと入ってしまわずに，その特定の患者により特別に関連する意味を見出すよう援助してくれます。

たびたび患者は私たちの言うことを異なった見地から聞いています。このように，私たちの意図していたようには聞いていないのです。ですから，私たちの言っていることを，どのように患者は聞き違えていそうかにいつも取り組むよう私たちは努めるべきなのです。けれども，この取り組みがいつもできるとは限りません。なぜなら，たいてい患者はどのように聞いているか（もしくは，聞き違えているか）を，私たちに直接には示さないからです。そしてときおり，ずっとのちになって，そのときには患者はオープンに反応しなかった私たちが語ったことをまとめたやりかたで，**どのように**聞いていたか，聞き違えていたかというところから，私たちに詳しく話してくるのを見出すことになります。

4．治療者の注目点の選び方への患者の反応の例

その患者（女性のカウンセラー）は男性治療者とのあるセッションでしばらく沈黙していました。それから次のように語りました。

患　者：人に耳を傾け，カウンセリングするのが私の知るただ一種類の会話のようです。それ以外の会話のしかたを私は知りません。もうここでは，話すことを切らしてしまっています。これまでは，話すことがたくさんありました。でも，男性といると，私は黙ってしまいます。それで，居心地悪くならないようにたいてい男性のほうがそのスペースを埋めます。ここではどんなになるのか，私にはわかりませんけど。だけど，私は居心地よいんです。……ええっと……（あいまいな様子）。

　　治療者：あなたは沈黙がいささか不安なようですが，居心地よいとも言っています。

　スーパーヴィジョンでは私は，沈黙に居心地の悪さを感じていそうな誰か[原注7]について患者が話しているところに注目しました。治療者は沈黙したままでいましたが，患者が（それにもかかわらず）彼といて「居心地よい」と感じていると伝えながらも自信なげな様子に注目しました。

　治療者は，患者の沈黙への不安と（表面的な）居心地のよさの両者を認めようとしています。しかし何について，治療者が気づいたように彼女は自信なげなのでしょうか。彼女とのあいだでの過度な沈黙に治療者が居心地悪くならないように彼女がしようとしていて，彼女が話し続けることで*彼を*楽にしようとしているのかもしれません。そうだとしたら，この沈黙に当惑しているのは誰なのでしょうか。それは患者でありそうなのと同様に，居心地の悪さを避けようと「スペースを埋める」であろう治療者かもしれません。

　ここでの治療者は彼女の様子に見受けられる自信のなさを認めるよりも，あたかも彼女の語っている内容を信じたがっているかのように，患者が居心地のよさを**語っている**とのことに基づいて，あまりに急いで飛びついている

[原注7]　私が聞いている発言内容を，そこで言及されているその特定の人物に関してではない特定されない誰でもありうる「誰かについての言葉 language of someone」と私の考えているものへと翻訳してみるのはしばしば有用である。この翻訳は，語られていることの顕在内容を越えて，潜在していそうなものへと進むのをずっと容易にする傾聴を向上させてくれる。さらにはとりわけ，転移に関連していそうなものを取り上げられるよう援助してくれる。（訳注：ここでは著者に確認した内容を原文に追加している）

ように彼女に聞かれてしまいそうです。さらには，彼女が語っていたまさにそのこと——**スペースを埋める**——をやっているとも，聞かれそうです。そうなると患者はこの事態を，この瞬間の自分の居心地の悪さを治療者が避けたがっているのではなかろうかという彼女の恐れを，確証するものと読み取るでしょう。

　この場面に私が働いているのなら，スペースを埋めようと飛びついているように見られないよう，もっと長く待っておくほうを選んだでしょう。その代わりに，居心地よさを語っている彼女が*見せている*その様子についてコメントしたでしょう。たとえば彼女の発言は表面的には，*彼*については話していないと示唆して，治療者（セッションで彼女がともにいる男性）を安心させるために語られたのかもしれません。ですから，次のように言えそうです：「あなたは居心地がよいと言っていますね。でも，いまのあなたを見ているとその様子からは，それがあなたには，さほど確かではないように私は感じます」

　そのセッションの後半で，次のような経過を聞きました。

　　患　者：父がまったくひとりぼっちなのが私はとても悲しかったので，父のところへ行って一緒に過ごしました。でも，父は私の援助を相手にしませんでした。父が大声を張り上げるのは気にならなかったのです。でも，私を押しのけました。私の家族は，誰かが大声を張り上げるとぎすぎすになっていました。母は，よく話題を変えたものでした。
　　治療者：*私が*相手をしなくなるか，話題を変えてしまうのではないだろうかと，あなたは思われているのでしょうね。

　スーパーヴィジョンの場面で，ここでは患者の無意識のスーパーヴィジョンを感知しますと私はコメントしました。患者は彼女の援助に，誰か（おそらく，治療者/父親）が気づいていないようだと言っているようでした。そこで，彼女は治療者への援助が相手にされていないと経験していたようでした。おそらく彼女は，治療者を沈黙のなかでひとりぼっちであると見ていた

のでしょう。そこでとりたてて話したいこともなかったのに，彼女の沈黙への居心地の悪さから治療者を守ろうと，話し始めたのでしょう。おそらくそれが**彼への援助**だったのでしょう。この状況を認識しないことでその援助を実際相手にしないことになった，と治療者が気づいているかは私にはよくわかりません。

　事態が難しくなり動転した感情が大きく広がってしまうと話題を変えてしまう人物（母親）について患者が話しているのも私は感知しました。治療者のここでの最後のコメントは患者からは，相手にしていない，さらには一緒にとどまるのが治療者にもっと難しそうに思えることから話題を変えた，とも経験されそうです。すなわち，おそらく居心地の悪さから自分を守るやりかたとして**治療者が**話しているようだという可能性です。治療者も彼女の沈黙を難しいものと感じている人物ではないかとの不安，そこで話題を変える母親のようではないかとの不安を，治療者が取り上げるほうが望ましかったように思われます。

　私たちが患者から聞いていることへの別の耳の傾けかた，患者の心理療法家/分析家についての異なる別の体験のしかたを見出していくのに，臨床ヴィネットを使っての練習や意見交換がとても実り多いことを示そうと思い，この例を提示しました。

　もう一度述べましょう。患者が治療者を，話し難いものから離れて話しやすいものへと性急に移っていると経験しているようなら，それに続いて起こってきそうなことは，患者から出されるもっと難しいものにはとどまっておれないだろう人物について治療者に語ることです。こうして私たちは，この難しさをもつ誰かについて聞くかもしれません（**置き換え**）。あるいは，この難しさを当の患者が抱えているのを耳にするかもしれません（**とり入れられた照らし合わせ**）。もしくは，おそらくこの患者にはめったにないのかもしれませんが，例においてこの母親がやっているとされたそらしてしまうやりかたではなく，この難しい感情にとどまっていられる人物のことを聞くかもしれません（**対照**）。

5．ひとつ以上の見方から患者についていくこと

　患者はそれが，私たちの関心／私たちの優先／私たちの感性のいったい何を示しているのかを無意識のうちに（あるいは，むしろ意識的にさえ）モニターしながら，**あのこと**よりも**このこと**を取り扱うという私たちの選択について，私たちが言ったことだけでなく，私たちが言っていないことにも注目しています。

　この理由から私は，ひとつの見方よりもっと多くの見方から患者についていこうと試みているのです。だからひとつの方向からだけ見て，患者が伝えようとしているだろうことを私は「わかっている」と安易に思っているときには，ほかのありうる見方に開かれたままであるために，（こころのなかで）**知らない**という感覚を再創造しようと試みます。そのうえでもし，それらの考慮されうる別のものからの選択ができないようなら，それによって私は解釈をするにはもっと耳を傾けておく必要がありそうだと認識するよう援助されます。

　多くの場合私は，私は理解していると主張する**前に**，患者の語ってきていることを一緒にもっと探究したり熟考してみようと誘うやりかたのひとつとして，患者と私の知らないことを分かち合います。知っていると時期尚早に主張しても，そこからは何も得られませんし，知らないままでいることからは何も失われないと私は思います[原注8]。

　知らないという感覚が保持されていることは，子どものころに性的虐待があったのではなかろうかと，感じ始めている患者と作業しているとわかったときにもとても大切です。たとえば，次のように言うのは大事でしょう。

　　それらの様子が望ましくないことがあなたに実際起こったということな

[原注8]　これについてWinnicottは言っている。「私はもっぱら，患者に私の理解の限界を知らせようと解釈しているように思う。原則は，患者こそが，そして患者だけが答えを持っているとのことである。」

のか，それとも境界の不明瞭な感じとともに，家族のなかの性愛化された**雰囲気**をあなたが思い出し始めているのかは，今のところは何とも言えません。

この種のことがらについては，患者の認識に細かな注意を払いながら私たちがこころを開き続けておくことがしばしばとても重要です。私たちがもっぱらかかわっていくのは，つまるところは客観的現実というより（内的な）心的事実なのです[原注9]。

6．境界にまつわるあやまち

境界の問題は常に大変重要です。分析や心理療法にとくにそれがあてはまります。なぜなら患者の安心や安全という感覚は，そのかなりはこれらの問題を分析家が感受性鋭く，そして堅固に扱っているかにかかっているからです。ラングス（1978）が繰り返し指摘しているように，境界にまつわる問題が何かあるときには，患者のコミュニケーションのなかに……直接でなければ間接に――必ず際立っているものがあります。ラングスはこれを**引き出されたコミュニケーション** derivative communication[訳注1]と呼んでいますが，そのとき患者がもっぱら関心を抱いている問題点から無意識に引き出されているコミュニケーションという意味です。

境界に関連してなされるほかのあやまちもあります。一極にあるのが，**不適切な柔軟さ**です。これは適切に考えたり熟考したりせずに，境界を越えるのを治療者が許してしまうときです。この場合はそのほとんどにおいて――治療者とのあいだとか治療の取り決めに関して，自分がどこにいるのかわからないといった――安全が侵されているとの感じを患者が伝えてくるという結果にいたります。その対極にあるのは，境界について**あまりにかたくなで**

原注9）　この問題は，論文「客観的事実と心的真実：「回復した記憶」についての考察」（Casement,1998）で詳しく論じている。

訳注1）　derivative は「引き出された」と翻訳したが，「派生的」とも訳されている。妙木浩之監訳『ラングス精神療法入門（1988）』金剛出版　1997 を参照。

第2章 精神分析でのあやまちと，あやまちを避けようとすること　39

あるというあやまちです。いかなる例外も許さないというやりかたで作業するよりも，例外を設けるほうがより適切であろうときを分析家や心理療法家が認識できていないのです。

そうした問題を私たちがどのように取り扱うかを通して，**私たち**について示唆されているであろうものを判読しようと患者がいつもどのように試みているかにも私たちは気づくでしょう。たとえば患者は，治療者がかたくなであるのは治療者がただ単に規則に縛られているにすぎないとのことを伝えているのだろうかと悩むかもしれませんし，治療者がもっと重要なものがあるのを認識するのを恐れているのだろうかと悩むかもしれません。同様に治療者が技法に関して柔軟であるときにも，治療者は堅固であることや頼みになる人であることに問題を抱えているのでしょうか？

1）適切なかたくなさを求めるニードの例

ある女性患者が，とりわけ大好きなある草花を自分の庭に植えているという夢を見ました。この夢の話で言及したその花を正確に知ってもらいたいと思って，私に見せるために彼女は庭からその草花のひとつを掘り起こしました。実際その草花を私にあげたいと思いました。そうすると，**私の庭に私はその草花を持つ**ことになります。

○こころの中のスーパーヴィジョン

このことにまつわる逆転移を私はモニターしてみましたが，コントロールされている，侵入されているとも感じていると気づくのは難しくありませんでした。そして，私のものでもあると同時に少なくとも同程度に私の妻のものでもある庭に居場所を要求して，患者が私と妻のあいだに入ろうとしているという考えは私には感心できないものでした。そうなら，示唆されているように私がもしこの「贈り物」を受け取ってしまうのなら，この花は文字通り私たちのあいだで開花します[訳注2]。

訳注2)　私と妻のあいだに「入る」come は，その三行下 come to flower で「開花する」の意味をもつ。

ここで私は，この患者の子ども時代に関して私の知っていることを思い出しました。父親は娘とのあいだで不健康なほどの親密さを容認していたようでした。そのため彼女は，父親は彼女のものと主張するほどに——**そのようにしばしば両親のあいだに入って**——エディプス願望をあまりに十分達成できるよう許されているかのように感じていたのでした。このエディプス的な勝利の感覚は，彼女の性衝動があらがい難いものであり，危険なものでさえあるかのような性愛性についての不安を彼女に残しました。そしていまや彼女はこれを，彼女と私のあいだで取り扱われるべき問題点として，そして堅固に扱われることとしてはっきり掲げてきたようでした。そこで私は言いました。

　あなたがどんなふうに両親のあいだに入り込むのを許されていると感じていたものだったかを，私は思い出しています。ですから私は，あなたがここで同じことを私が許すだろうかと知りたくて，私を調べているのだろうと思います。あなたには，私の妻と私のあいだに入り込んでもよいと許されることは，**私の庭**か**私の妻の庭**に植えられる**あなたの庭**の草花によって表されています。

患者はこの解釈に対応したあとも，なおも贈り物を受け取るよう私にしつこく求めてきましたので，私は付け加えました：

　私にこの贈り物をしたいとのあなたの思いはありがたく思います。けれども，私が受け取ることがあなたの援助になるとは私は思いません。あなたが私に見せたくて持ってきた草花は，あなた自身の庭のものなのです。

患者はひどく動揺しました。けれどものちに，子ども時代に父親が供給できなかったと思える，私へのエディプス的愛着を取り扱うためのある種の堅固さを私に供給してもらいたいとの思いから，彼女が強力な性愛化転移を起こしていたことが明らかになりました。もし贈り物を受け取っていたのなら，

高まっていく彼女の私への愛着のコンテイニングははるかに難しくなっていただろうと思います。父親とのあいだで彼女が抱えていた問題の象徴的な反復を私が許してしまったでしょう。そうなら彼女のこころのなかでは，このとてもささいなやりかたではあったとしても，彼女が誘惑するのを許すという形で私が彼女を誘惑していると彼女が私を見たにちがいないと思います。けれどもこの境界を断固として保つことが，分析のこの重要な時期を彼女が父親とのあいだで成し遂げたよりももっとよい解決へとワークスルーしていけるようにしつづけたのでした。

2）対照的な例

その患者は母親に望まれておらず，結局養女に出されました。その後思春期になったとき，養父は彼女に明らかに誘惑的なふるまいを見せ始めました。そのため最終的に彼女は，この両親の家から逃げ出しました。こうして福祉施設で日々を送りました。

彼女は私との分析の過程で，私にクリスマスプレゼント──気持ちの表現として，すてきに彫刻がほどこされた木製のしおり──を贈りたくなりました。

〇こころの中のスーパーヴィジョン

患者が計画している贈り物を私が拒否してしまうなら，このすでに傷つきやすくある彼女に引き起こしそうな自己愛的な傷つきを私はじっくり考えてみました。しかし分析の最中には贈り物は受け取らないという私のジレンマも，同時に認識していました。最終的に私は，このジレンマを語りかけることにしました。患者に伝えました：

私に贈り物をしたいというあなたの思いに感謝します。けれども，**分析のあいだの贈り物がやっかいな事態を創ってしまう**との事実を私はわかっています。

同じように，この贈り物を拒むことであなたを傷つけてしまうようには

したくないのです。ですから，私にあげたいとあなたが望んでいてもいままでのところ贈り物**ではない**ものとして，しおりを保存しているほうを私は選びましょう。それならこのしおりは，私が受け取るのがもっと好ましくなったときに，のちに私たちがもう一度検討できるものになるでしょう。

　ここでのあなたの時間が終わるとき，そのときにこのしおりが私に持たせたいとあなたが望むものであるのなら，**そのとき**私たちはしおりを贈り物と見なせるでしょう。けれども今は，私のすわっている椅子の横のたなの上に置いておきます……私たちがいつかもう一度考えてみるために。

　2，3年を経てこの分析の最終のセッションになったとき，私は椅子の横のたな（しおりはそこに置かれたままでした）からしおりを取り上げ，患者に言いました：

　このしおりがなかったとしても，私はこれからもあなたを覚えているでしょう。でも，あなたが今でもこのしおりを私が持っておくようにと望んでおられるのなら，私たちがともに働いてきたことのもうひとつの思い出のものとして，もちろん大切にします。

　彼女は私に持っていてもらいたいと望みましたし，このやりとりに彼女がこころを動かされたと私は感じました。今日までこのしおりは，私の面接室に私とともにあります。

　〇コメント

　私たちがただ規則に従っておくだけであるのが患者の援助になるとは私は思いません。規則はかたくなにあてはめられるのではなく，それぞれの患者に応じてより慎重な熟考のもとに使われるべきです。患者はひとりひとりまったく違っていますから，ある人物に適切であろうことも，もうひとりの人物にはまったくそぐわない場合もあるのです。けれども例外を扱うどんなやりかたを私たちが選んだとしても，いつでもその成り行きを追っておく必要が

ありますし、それから学べるよう備えておく必要もあります[原注10]。と言うのは、患者がそれに続いてどのように物語るかのなかに、なされてしまっているあやまち——かたくなさからのあやまちか、それともあまりに柔軟でありすぎたためのあやまちか——を指摘しているかもしれない重要なサインが見出せそうだからです。

　ここでのもっとも大事なことは、私たちがけっしてまちがってはならないこと（すなわち、ありえないこと）ではなく、当の問題点についてそのできごとの前後双方で十分に考え深くあり続けることなのです。いずれにしても、そこに重要なことを私たちは学ぶかもしれないのです。

7．あやまちに働いていそうなダイナミクス

　ときおり私たちは、まったくあからさまなあやまちをおかしてしまいます。そうしたときにはとくに逆転移を熟考し、このあやまちでの私たち自身の役割がどんなものでありうるかを見出そうとする必要があります。

　ここでは逆転移をふたつの型に分けて考えてみるのが役立つようです。

　私が**パーソナルな逆転移** *personal countertransference* と呼ぶようになった私たち自身の内的世界や感性と関連しているものと、**見立ての逆転移** *diagnostic countertransference* という患者や私たちの患者への対応についての有用な手がかりを与えてくれるものです（Casement, 1985, 1991も見よ）。この逆転移のなかには無意識の**役割対応** *role-responsiveness*（Sandler, 1976）、もしくは**投影同一化**（Klein, 1946）がありますが、それぞれが患者と私たちとのあいだに進んでいそうなことについての貴重な手がかりを与えてくれます。

　ですからしばしば、気づかれないままになっていたかもしれない逆転移状態があるというシグナルを、あやまちが送っているのかもしれないのです。

[原注10]　もちろん、患者の例外として扱われたいとの望みに乗せられないように、例外を作るには私たちはとりわけ注意深くある必要がある。けれども、すべての患者がその問題を抱えているわけではない（Ladan, 1992を見よ）。

ゆえにあるあやまちでのエナクトメントは，分析家のなかの十分に対処されていない何か，あるいは分析家が無意識に対応していそうな患者から派生しているあるダイナミクスを，私たちに警告しているのかもしれないのです。

8．あやまちを認めること

　この章を終わる前に手短に，あやまちを認めるという問題を考えてみたいと思います。

　ある分析家たちが「分析家は，決してあやまちを認めてはならない」と言うのを耳にしたことがありました。どうしていけないのでしょうか。この見解の要点は，分析家があやまちをおかしたという客観的現実にではなく，そのことへの患者の見方にこそ焦点をあてて患者の内的世界への注目を保持することにある，と私は考えます。

　しかしながら，私たちが何かまちがってしまっているのなら，そこには認める余地があります。けれども，患者がどのようにこのあやまちを使うのかということ，さらにそうした私たちの承認のタイミングに気をつけておかねばなりません。というのは，あまりに早く謝ってしまうなら，私たちが患者の怒りをそらしているといともたやすく経験されてしまうのは必須だからです。ですから，やはり，その特定の患者にもっとも役立ちそうなバランスを模索しながら，患者の立場に立って状況をモニターしておく必要があります。しかし，執拗な沈黙に身を潜めている分析家によって，深刻なあやまちという事態に患者が直面させられることが必ずしも患者に役立つとは私は思いません。また同様に，過剰な謝罪で患者の怒りを鎮めようとしていそうな，患者の経験してきた他者のように分析家がふるまっているように見えることもまったく役に立つとは思いません。

　しばしば私たちはまちがってしまいます。私が思うにもっとも重要なことは，あやまちが起こっていないかのようにふるまうという挑発的に理不尽にふるまうのでもなければ，自分のあやまちに防衛的にものわかりよくふるまうのでもない分析家とともにいて，そうした瞬間を患者が気がねなく自由に

使えると感じていることです。

9．分析過程の一部分としてのあやまち

ウィニコットは無意識のダイナミズムについて，特別の見解をひとつ抱いていました。その見解とは，その患者の生活史と不気味なほどの類似点を持つやりかたによって分析家が失敗して患者を抱き落としてしまうときに働くダイナミズムについてです（Winnicott, 1963b）。この事態については第6章で触れようと思いますが，ここでは分析において，あやまちをおかさないように最善を尽くしているところにおいてさえも，私たちがとても深刻なまちがいをしてしまうときがあるのを強調しておきたいと思います。とくにそうしたときにこそ，ウィニコットが言及したそのダイナミクスの証拠を私たちが知るのですし，それを第5章，第6章，第7章で検討していきます。

後になって考えてみるとき，続いて起こった事態がときとしてとても実り豊かなものになっているがゆえに，分析において起こったその特別なやりかたで私たちは「意図して」失敗して患者を抱き落としたかのようにさえ思えます。私はこうした見解をそのまま支持するものではありませんが，そうであるとしても（第6章でのように），私の失敗が理解を超えるほどに極端なものであるときには，患者の過去の生活史でのその中核的な環境の失敗と不気味なほどの類似をもつ，私たちの失敗のしかたには驚かざるをえません。ウィニコットはある子どもの患者との関連でこの部分を述べています。

> その子が過去の生活史によって規定されているやりかたで，私に失敗させるだろう段階にいずれ至るまで，私はその治療の乳児や子どもの世話という局面では失敗してはならない。私が恐れるのは，1カ月の海外滞在という経験を私がむさぼってしまうのなら，それは私がすでに時期尚早に失敗して抱き落としてしまい，その子の乳幼児期の予測を越えた変化と結託してしまっているかもしれないことであり，それによって乳幼児期に予測を越えた外的要因がその子を病気にしたように，私がその子をいまやほんとうに病気にしてしまうかもしれないことである。
>
> （Winnicott, 1963b：344）

ここでのウィニコットの警告は，私たちが十分に注意深くないなら，いかなる意味でも分析過程の一部では**ありえない**やりかたで，私たちも失敗して患者を抱え落としてしまうかもしれないことを思い起こさせてくれるのです。

第3章　ひとつのセッションでの体験
　：コミュニケートしようとすること

> 目的をもって選ばれたのではなく，たまたま提示されたあるセッションから私たちは何を学ぶことができるのでしょうか？

　本書では，進行中のセッションでの私たちの作業の援助として，こころの中のスーパーヴィジョンを役立てようと私は主張しています。この章では私自身の仕事ぶりを例示するために，無作為にひとつのセッションを選んでみました──ここにも，こころの中のスーパーヴィジョンによる内なる対話が含まれています。

1．セッション提示の背景

　数年前，英国精神分析協会の学術委員会は，それぞれの分析家が患者とどんなふうに働いているのかを知る機会を持とうと，幾人かの分析家，なるべくなら各グループ[原注1]からひとりが，詳細な一セッションを提示するなら有意義だろうと考えました。その目的には，少なくともふたつの面がありました。ひとつは，論文あるいは書物に一般的に提示されているような注意深く選ばれたセッションに較べて，通常の削除を受けていないセッションが実際にはどのように進行していくのかをわかるためにです。もうひとつは，このような一セッションのなかで起こる様々な技法上の問題を考える機会を持つためです。私はそのシリーズにおける提出者のひとりでした。

[原注1]　英国精神分析協会には三つのグループがある：現代フロイディアンとして知られているフロイディアン・グループ；現代クライニアンとして知られるクライニアン・グループ；そしてインディペンデント・グループとして知られる中間派グループ（Rayner, 1991参照）。私はインディペンデント・グループのメンバーである。

ひとつのセッションを討論に向けて提示するにあたっては，私にはいくつかの疑問があります。たとえば，ひとつのセッションからある患者について私たちは何を学べるのでしょうか？　ひとつのセッションについての報告からでは多くの情報が抜け落ちてしまうと思います。それゆえに私は，（私のこころに浮かぶままに）患者の背景に関する細かな部分にまつわる私自身の受動的な想起を提出していきます。いずれにしても，その想起を私はセッションのプロセスのきわめて重要な部分と見なしています。セッションのそのときに私のなかで考えたことのいくらかを私は書きとめていましたし，さらに自分のふとした思いつきも提出します。その思いつきはここでは［　　］で示されています。

　もうひとつとして，このセッション提示によって提起される技法上の問題について私たちは何を学べるのでしょうか？　ひとつのセッションを提出するこの試みにおいて，そのセッションはできる限り詳細に想起したものですが，読者がそのセッションのさまざまなポイントで技法の選択（と，これらの技法上の含み）について検討できればと思います。

　出版された，あるいは議論のために提出されるセッションの多くは，時間を遡ってとくにある論点を描き出すために選択されたものです。それゆえ私は，無作為に取り上げられたセッションからでさえも有意義な学びができるのかどうかを知りたいのです。分析家が発表のために準備するよりむしろ，自分の仕事にただ精を出しているそのときに，私たちはいったい何を見出すのでしょうか？　またこのようなセッションを——そのセッションを提示すると決心したという認識に影響されない形で——分かち合えるのでしょうか？

　私はここにひとつのセッションを選びましたが，それはただある特定のセッションが終わったすぐあとにそのセッションを詳細に書く時間があったというだけの理由からです。しかし，ラッカー Racker（1957）の言う「間接的な逆転移」に対しては心準備がありませんでした。その「間接的な逆転移」とは，分析家のなかに起こる反応で，患者にはただ間接的に関係するだけなのですが，分析家にはもっと直接に影響を及ぼす何か他のもののことです。たとえば分析家が同僚にあるいはスーパーヴィジョンのためにそのセッショ

ンを提出することになっているとわかっているときなどがそうです。

　このセッションがまさに始まるときに，あることが起こって，私は**どんな事情があっても**学術集会でこのセッションを私の同僚と共有するわけにはいかないと確信しました。そこで，提示するのに相応しい別のセッションを探そうと決心し，セッションの残りの時間のあいだ中，提示するという考えを頭のなかから追い払いました。後になって私は，自分が必要としていたちょうどその通りのスペースを自分自身のために作り出していたことに気づきました。セッションのなかで適切にふるまうためには，同僚とこの経験を分かち合うという考えによって妨げられないためのスペースが私には必要だったのです。私はこうして結局，**そこで起こった通りに**この経験を記録することができました。これから提示していくものが，そこで起こったことです。

2．臨床提示

1）最小限度の病歴

　患者はその時点で29歳の未婚女性でした。彼女はひとりっ子で両親はふたりとも亡くなっています。父親は彼女が20歳のとき，母親は25歳のときに亡くなりました。患者をCさんと呼んでいきましょう。

　Cさんは父親が亡くなったころ一度心理療法を受けました。Cさんは面接室のなかでその治療者（X医師）が境界を踏み越えはじめたため，その治療を止めてしまいました。もはやその治療者の前では安心できなくなっていました[原注2]。彼女はこの治療者を名前で呼ぶよう求められていました。それでここでは彼女にこの治療者をマークと呼んでもらいましょう。

　患者は私との週5回の分析の2年目に入っていました。この分析的な援助を求めるという新たな決意には，明らかに母親の死がきっかけとなっていました。

[原注2]　患者の言い分を支持する独自の証拠をここに示すのは妥当なことであろう。別の患者たちもまた同様な状況でX医師のもとを去っていた。

2）金曜日のセッション

患者は面接室に入ると，私が部屋を横切るあいだにカウチに向かいました。そのとき彼女が横たわりながら私を見ているのに私は気がつきました。このことによって前回のセッションを私は思い出しました。

その前日セッションが始まるとき，Cさんは私を見たいと言いました。それまで彼女は部屋を出ていくとき以外はまったく私を見られない（と言っていました）。セッションの始めはいまだ怖くて私を見ることができないとも彼女はとりわけ言っていました。したがって，このセッションのはじめに彼女が私を見ることが**できた**ことは，一歩前進のように思われました。

患者は横になるとすぐに話し始めました[原注3]。

  患　者：あなたは部屋に入ってきたとき，なぜほほえんでいたんですか？

［彼女が私を見ていると気がついたとき，自分がかすかにほほえんでいたに違いないと私は確かに感じていました。**このときこそ私は，このようにして始まったセッションを提示するわけにはいかないと思ったのでした！**］

私は彼女の問いには答えませんでした。短い間があって，彼女は続けました：

  患　者：私は恥ずかしい。

［このとき私は，これは私がほほえんだから，それとも彼女の質問に答えなかったからなのかなと思いました。］
彼女は続けました：

  患　者：あなたにあざ笑われているようです。

[原注3]　このセッションのやりとりは，重大な影響を及ぼすどんな変更も加えずにここに提示されている。唯一の変更は，匿名性を保護する上での病歴と私自身の想起の記述にある。

［母親が以前いかに彼女の気づきを繰り返し否定していたか，とくに母親が真実として受け容れにくいと思うようなことを彼女が言ったときはいつもそうだったとＣさんは話していた，と思い出しました。］

分析家：あなたは，私がにっこりしたのを，私があなた**を**あざ笑っている証しだと思っているんですね。

患　者：とりわけ私がつらい気持ちのときに，母は私をよくあざ笑ったものでした。それから，母は私をからかいました。（間）母は，私が馬鹿だから成長しなければいけないとよく言っていました。私はまもなく，できるときには母に隠れて泣くことを覚えました。（間）もしあなたが私をあざ笑って**いない**としたら，なぜあなたはほほえんでいたのですか？

分析家：あなたは私のほほえみを，あなたのお母さんのほほえみと同じだと思ったのでしょう。それで，私を，あざ笑っているお母さんのように感じたのだと思います。

患　者：そうです。（間）

［この沈黙のあいだ，私は，母親の顔に投げかけられた子どものほほえみをこころの中で思い浮かべていました。ウィニコット（1967年と1971年 b：111-18）は母親の顔は『子どもの最初の鏡』と言っていたとも思い出しました。母親の顔のなかに認められたようなＣさんの自己イメージでは，ネガティヴな評価と自己非難が支配的になってしまったとのことも思い出していました。］

分析家：私はいま問題なのは，誰かがあなたに**向かって**ほほみかけるほうが多くて，誰かがあなた**と一緒に**ほほえむという経験は，あなたはあまりしてこなかったということだろうと思います。

［患者が現実検討力をより働かせるよう，さらには別の可能性に気がつくよう手助けしようとしていました。とくにあざける母親はきわめて妄想的で，

それが私に転移されていましたが，この見解を変えるのは私には難しいようだと私は感じていました。しかし，私が彼女をそらしているように彼女には経験されているかもしれないとも思いました。]

患　者：母はけっして，**私と一緒には**ほほえみませんでした。母が私と一緒にいて楽しんでいるように見えたことは，一度もありませんでした。むしろ，母はいつも，私のほうに問題があり，私がまちがったことをしていると私自身が考えるようにしむけていました。（間）でも昨日，やっと，あなたと一緒にいて安全だと私は感じ始めました。（間）

〇熟　考

私は，誰かが何かまちがったことをしているということについて今聞いていると気づいていました。また，安全な感じが今日ではなく**昨日**に属することとして話されていたことにも気がつきました。それでこの話題が，**今**を安全でないと彼女が感じるその瀬戸際に私たちがいるのかもしれないとの事態を私に気づかせる無意識の助言ではなかろうかと思い巡らしました。また，私のほほえみへの彼女の妄想的な反応が私によって**そらされた**と彼女が感じていたかもしれないとも考えてみました。しかし，まだこの考えには確信が持てなかったので，ここではコメントしませんでした。

患　者：私は，自分が安全だと感じ始めると，とてもひどいことが続いて起こると思ってしまいます。

〇受動的な想起

私はいつのまにか，彼女のX医師との経験を考えていました。私は以前，彼女が**彼**と一緒にいると安全な感じを抱き始め，そこで彼にかかわる性的な空想を彼に語った話を聞いていました。私はまた父親が彼女の性を無視していたことも聞いていました。しかし母親は，私が聞いた話ですが，彼女に性的なそぶりが少しでもあれば，とくに衣服を少しでも魅力あるものにしよう

とするのなら，彼女を決まって非難していました。X医師に女性として認められたいと自分が望んでいるのを彼女は自覚していましたが，彼が職業上の関係を超えて進んでしまいそうな関心を彼女に示し始めたとき，ひどく傷ついてしまいました。

○熟　考

　私のこころは彼女が以前の治療者と一緒に過ごした時間に戻ってしまっていましたが，その**過去**が患者がこのときにいるところであるとは私には感じられませんでした。彼女はかなり退行していて，カウチの端に置いていた毛布にすっぽりとくるまっていましたので，最近のセッションではもっとずっと幼少の頃に焦点が当てられていました。もちろん，この時間の私との関係において，彼女は性欲についてのすべての気配から身をひそめているようにもありました。しかし，そのような考えをここで示すのは，解釈としては相応しくないと思いました。それはとりわけ，彼女が私と一緒にいて安全かどうかを心配しているからでした。私はまた，解釈として性的な事柄に焦点を当てるのなら，ここでは彼女は侵入的と思うだろうし，誘惑的とさえ感じるだろうと思いました。そこで次のコメントには，より開かれたものを選択しました。

　　分析家：あなたは，安全という感覚を持ったまさにそのときに，とてもひ
　　　どいことに見舞われるという体験を繰り返してこられました。あなたは
　　　今，恐怖に怯えているのだと思います。なぜなら，昨日あなたは私と一
　　　緒にいて，いつもより少しだけ安全と感じたのですから。

［私の言及は，前回のセッションで彼女がどのセッションにも増して長いあいだ毛布にくるまっていたという事実を指していました。］

　Cさんはうなずき，黙ったままでした。数分間静かに横たわっていましたが，ふたたび話し始めました。

患　者：私のこと，好きですか？（間）答えなくてもいいんです。もし「そうだ」とあなたが言っても，私は信じませんから。

［ここでのやりとりは，患者のＸ医師との経験に言及しているものではないかと私はもう一度思いました。それから，答えない方がいいとの私への助言に気がつきました。それで，ここではあまり焦点を絞らない応答を続けようと思いました。］

分析家：言葉は，誤解を招きやすいものです。
患　者：ええ。母は一般の母親が娘に当然言っていると自分が考えているようなことを，その場に誰かがいれば，とくによく言っていました。しかし私には，母が自分の言ったことを本気で考えていたとは思えませんでした（長い沈黙）。

［この沈黙のあいだ，患者が私を，**分析家**なら当然患者に言うべきであると私自身が考えているような考えを，単に彼女に伝えているに過ぎないと見ているのではないのだろうかと思いました。しかしこの解釈はむしろ，ステレオタイプの対応となってしまうので，私は何も言いませんでした。］

患　者：毛布を使ってもいいですか？　いちいち聞かねばならないなんて，馬鹿げていますね。でもそのときになると，やはり聞かなくちゃいけないと思うんです。

〇受動的な想起
このように患者が語るその背景として，以前Ｃさんは，私の許可を得なくて毛布を使うのは不安であると語っていたのでした。彼女には毛布を使うのは，あたかも私から何かしら取り上げること，あるいは私に対して感謝の気持ちがないことと同じであるかのようでした（彼女は母親とでは，とてもこのような危険はおかせませんでした）。そのときは，私の許可によって，

私が毛布と一緒に何かを彼女に与えられると彼女は感じたいのだと私は解釈し，彼女も同意しました。そこから，毛布を使ってよいという許可が，私が彼女を安全に抱えるやりかたとして彼女に体験されているとわかってきました。許可を求める彼女への私の対応は，これまでのところ同じように続けられていました。

　分析家：どうぞ。

　患者は毛布をひろげ，頭と顔以外はすっぽり毛布でくるまって横になりました。顔を私の方に向けたまま，でも私を見ないようにして静かに横たわっていました。毛布が使われたときとしては，毛布を使い続けていたセッションでは最も早かったのでした。あと30分ほどありました。（長い沈黙）

　患　者：私がここで，いったいどこまで**幼く**なってしまうのだろうかとあなたが怖くなり始めているんじゃないかと，私はときどき不安になるんです。

［私は彼女の発言を，毛布を使っているという文脈から聞いていました。それで，より深い退行が起こりうる可能性に言及しているようだと考えました。おそらく前‒言語的コミュニケーションの水準までも行く退行です。それなら私はその退行に持ちこたえ，対応できるだろうかと考えました。］

　分析家：ときには言葉がなくても気持ちを私と通じ合いたいとのあなたのニードを，私が受け入れきれるかどうか，あなたは不安なのだと思います。

　患者はうなずき，静かにしていました。私は彼女がここで，非言語的にコミュニケートしていると気がつきました。とても長い沈黙の後，彼女は続けました。

患　者：目について，とても大事なことがあるんです。私は目を見ればその人がどんな人かがわかります。だけどまた，人も私の目を見れば，私がどんな人間かが見通せるんです。私は他の人が踏み込んでくるのが怖くて，自分の目の後ろに隠れているといつも思ってきました。（間）顔についても，大事なことがあります。私は人の顔色を見なければなりません。そして（安全とわかると）自分の顔を見せるのです。

［見ることと見られることをめぐる主題と私は感じました。さらに彼女が顔は私のほうに向けたけれども，視線は違うところを漂っていたとの事態に気づきました。彼女はふたたび，自分が安全だと思える**とき**のことについて言及しています。私はこれらをどのように理解してよいか，いまだ確信が持てなかったので，何も言わずにいました。］彼女は続けました：

患　者：顔は，マーク（X医師）とのあいだで重要でした。あなたに彼の写真のことを話しましたね。

〇受動的な想起

彼女は，X医師の写真を見つけていました。その写真をもとにして彼の顔を描こうとしたのでした。それは，X医師との治療が破綻する前だったのです。彼女は才能のある芸術家です。彼女は続けました：

患　者：私は専門雑誌で**あなたの**写真を見つけました。私は今まで，その写真について話せないと思っていました。

［このとき私は，馴染みのある不安について聞いているという印象を抱きました。私がX医師のようであると判明し，境界を保持してくれると信頼できないのがわかってしまう不安です。しかし一方で，私と一緒にいてなんとか少し安心できているのも彼女は示していました。患者の発言を，ひとりの男性としての私と一緒にいて安心なのか（そうでないのか）についての不安と

関係づけて取り上げられるのか，もっともこれは現在の退行した水準からその素材を移動させてしまうかもしれません。それとも，母親としての私ともっと関係していると思われる，写真についてのありそうな役割に焦点が当てられそうか，と考えました。後者を選択しました。]

分析家：セッションから次のセッションまでのあいだ，私のどこかにつかまっておく方法を見つけたと，あなたは話しておられるのだと思います。
患　者：そうです。

（しばらく間があり，そのあいだに彼女がくつろぎ始めたのがわかりました。）

患　者：母は，**私のお気に入りのかわいいものを私に捨ててしまう**よう求めてきました。私たちは川に架かった橋の上にいました。そこで私は，それを放り投げました。それは橋を越え，川のなかへ落ちていきました。もう取り戻せませんでした。

［そのお気に入りのかわいいものが何だったのか，私にはまだわかりません。それは柔らかいおもちゃだったのかもしれませんが，毛布だったの**かもしれません**。しかし毛布が川に投げ込まれたというのなら，それはあまりありそうもないことです。（セッションでは私の毛布が言及されてはいましたが，その言及とのつながりは考えにくいと思いました。）私は，Cさんが母親に非難されるという繰り返されるテーマをここで思い出しました。そして，母親が幼かった患者からのコミュニケーションの数々を理解しそこなっていたことに思いをめぐらしました。］

分析家：あなたがお気に入りのかわいいものを自分で投げ捨てた，とお母さんはあなたによく言ったものでした。それで，それをなくしたのは**自分**の落ち度だとあなたには考えられたのでしょう。しかし私は，あなたがお母さんと「放り投げ」ゲームをしていたのかもしれないと想像しま

す。お母さんがそれを取って来てあなたに戻してくれる，というゲームです[原注4]。

患　者：そのようにはまったく思いませんでした。もし私が母と「放り投げ」ゲームを**していた**のなら，母はゲームだと気づいて，もっと世話してくれてよかったはずです。私たちが橋を渡っているとき，母はせめてそれを手放さないようにしてくれてもよかったと思います。だけど，そうしませんでした。（間）

［再び，もっと世話してくれてよかった人物について聞いていました。私は自分の世話のレベルについて，十分な世話になっているのだろうかと思いました。けれどもこのセッションには，この主題を解釈する十分な根拠がまだないように思えました。］

患　者：写真のことを気にしていますか？

［いまや，セッションの終わりが近づいていました。このため，私が気にしているはずだとなぜ彼女が考えるのかを探っていく時間はないように思いました。また，彼女が母親について言っていたこと（世話しないこと）と，この気にしているかとの問いかけとのあいだには結びつきがありそうだと思いました。そこで私は「気にする mind」と「世話する care」の言葉遊びをしました。ここからそのセッションの最後の解釈が出てきました。］

分析家：次のセッションまでのあいだ，あなたと私を結びつけているものにしっかりつかまっておきたいというあなたのニードを私が気にしているかどうか，あるいはお母さんとのあいだでそうだったように，私もその結びつけているものが失われるままにしてしまうのかどうか，とても知りたいのでしょう。

原注4）　「フォルト-ダァ（糸巻き遊び）」ゲームのことで，Freud が孫の遊びを通して観察した。『快感原則の彼岸』（Freud,1920）に記されている。

患者は静かにうなずきました。彼女は立ち上がり，そして出てゆくときに私の方をまっすぐ見て，「ありがとう」と言いました。

3．若干の討論

このセッションについての広範な討論を始めるつもりはありません。というのは，そうするなら私がここでは触れたくないと思っているこの分析のなかでの他の問題のふたを開けてしまいかねないからです。そしてとりわけ，このひとつのセッションだけを公にする旨を特別に許可してくれた患者の思いを尊重したいからです。

しかしながら，セッションのさまざまな時点でひとつ以上のありそうな意味を探していくというアプローチの価値は指摘しておくに値しそうです。このアプローチによってしばしば（第2章で述べたように），まさにそのとき患者にとって何がもっとも妥当で真実らしいのかについての適切な感覚を持ちうるまえに，どんなときに耳をもっと傾けておくことが必要なのかを認識するよう援助されます。このセッションには，いくつかのこのような好機があります。その反面，私が生活史を（あるいは以前のセッションを）想起し，その想起を早まって使ってしまったのなら，私が患者をそらしてしまいかねなかったときが何度もありました。

患者が私に話していたことのどこに私が焦点を当てるか，それともどこを触れないままにしていたかに彼女がどう影響されていたのかを，私がなんとかきちんと気づけていたらよいのですが。安全な「昨日」という彼女の感覚がその日のセッションのなかに必然的にまだ漂っていると勝手に仮定しないようにしていった点もまた重要であったと思います。そこでは患者への試みの同一化も私を助けてくれました。

こころの中のスーパーヴィジョンがいつも機敏に作動していたと，ここであつかましく主張するつもりはありませんが，しかしこのセッションのかなりにおいてそれが有用だったと思います。

こうしたわけで，この例はとくに何かを描き出そうとして選ばれたセッショ

ンではなく,「進行中の作業」の一例です。そういうものとして，この場合には，そのセッションのなかでのあやまちを避ける際の私の進行中の試みを描写しています。これからの章（第5章と第6章）では，それでもやはり私がとても大きなあやまちをおかしてしまっており，そのためそのような失敗の波及し続けている影響に働きかけざるを得なかったときの例を提示しています。

第4章　自律に向けて
：精神分析でのスーパーヴィジョンを考える^{原注1)}

　　　　　　　　　　その臨床家にとって，容易に自律したものとなってい
　　　　　　　　　　くスーパーヴィジョンでの気づきを，どのようにしたら
　　　　　　　　　　もっとも促進できるでしょうか？

はじめに

　おかしてしまったあやまちから学ぶよう，私たちが援助されるときがあります。なかでもスーパーヴィジョンという領域においてこそ，**こころの中のスーパーヴィジョン**と私が呼ぶこの援助過程を発展させられるようになるのです。すでに述べたようにこころの中のスーパーヴィジョンは，分析過程を追ってついていったり，分析過程への私自身の寄与が役立っているのか，それとも無益なだけなのかをモニターできるようにしてくれるとても貴重なものです。こうした理由から，患者を目の前にしているときに臨床的な気づきを得る手助けをしてくれるこころの中のスーパーヴィジョンを使える能力を，スーパーヴァイザーがスーパーヴァイジーにより大きく育むための方法を検討してみましょう。

　スーパーヴァイザーといえどもあやまちをおかしてしまいますから，スーパーヴィジョンでまちがってしまいそうなことがらや，このあやまちを私たちが防げそうな方法についてもここで述べてみます。したがってこの章のトピックは，スーパーヴァイザーの立場とスーパーヴァイジーの立場から考え

原注1)　この章の初稿は**臨床精神分析誌**（1993）vol2,3：389-403，に掲載れ，続いて M.H.Rock（編）『精神力動的スーパーヴィジョン』.New York,263-282に転載され，さらに（翻訳されて）*Psykisk Halsa*,2,114-126（スウェーデン語）そして*Psicoterapia Psicoanalytica* Anno II, Numero2, Luglio 1995：12-26（イタリア語）に転載された。

ていくようにしましょう。

　ポーラ・ハイマン Paula Heimann[原注2]は訓練中の分析家に，分析の始まりからこころに留めておいたほうがよいこととして，分析の目的のひとつは患者にとって分析家が必要ではないという地点に到達することだとよく指摘していました。同様のことは，精神分析のスーパーヴィジョンにおいても多くの面で真実です[原注3]。

　スーパーヴィジョンに取り組むとき，私は三つの目標を結びつけていこうとします。できる範囲においてですが，患者とのスーパーヴァイジーの現行の作業において，精神力動的な患者像や患者の内的世界を徐々に築きあげていけるように援助したいと思います。また，提示されたセッションのなかでスーパーヴァイジーと患者のあいだで交わされるやりとりの推移に細やかに注意を払っておこうとします。さらに，ある特定のセッションに限定されない，スーパーヴァイジーに有用な臨床アプローチが発展していくようにとの思いです。このように臨床プロセスと技法の双方に私は関心を抱きます。加えて，他のやりかたがもっといいかもしれないと考えるとき，（ひとつの「ティーチング・ポイント」として）それを指摘するかもしれませんが，それがよさそうだと考える理由をいつも示すようにしています。しかし一貫して，スーパーヴァイジーが私が望んでいるように思われるやりかたで無理に作業させられるというのではなく，患者とのその後に続くセッションのなかでこれらのことがらを考え抜いていくスーパーヴァイジー自身のやりかたを見つけてもらいたいと私は考えています。

　これから提示する例は，トレーニング中の心理療法家のスーパーヴィジョンからのものです。しかしそこに描き出される原則は，資格の有無を問わず，分析家および分析的心理療法家のスーパーヴィジョンにもあてはまると私は

　　原注2)　故 Paula Heimann は英国精神分析協会の著名な会員。最も重要な貢献は，セミナー論文「逆転移について On Counter-Transference」（1950）である[訳注1]。
　　訳注1)　Heimann のこの「逆転移」論文は『対象関係論の基礎』（新曜社）に収録されている。
　　原注3)　しかしやはり，分析家が技術を伸ばす手だてとして資格取得後もスーパーヴィジョンの期間，あるいは少なくとも時々コンサルテーションを受ける機会を復活させるのが思慮ある分別だと私は思う。

考えます。挙げられる問題点の多くにおいてあてはまります。

　ここにスーパーヴィジョンを総合的に展望するのではありません。それより，この章のタイトルの範囲で私が有用だと考えるいくつかの概念に焦点を絞るつもりです。

1．スーパーヴィジョンでの三人組（supervisory triad）

　スーパーヴァイザーの役割は，**患者にとっての分析家/治療者**としての研修生を支えることにあります。このことは研修生のなかに存在する，その患者の有能な分析家/心理療法家となる潜在能力を信じ，育むことを意味しています。このときスーパーヴァイザーがその潜在能力を信じられないのなら，研修生の選択もしくはこの研修生のトレーニング・ケースの選択，あるいは**スーパーヴァイザー**の選択において，すでにまちがっているところがあるのです。

　スーパーヴァイザー，研修生，患者というスーパーヴィジョンのトライアード（三人組）に作動するきわめて重要なダイナミクスがあります。このダイナミクスを見逃してしまうと，ときに重大で不当な結果を招きかねません。

　スーパーヴィジョンの三人組はさまざまに崩壊してしまいかねないものです。分析はどのようになされる「べき」かというモデルをスーパーヴァイザーがあまりに強大に提示してしまうと，研修生自身の考え方が侵食されてしまいかねません。それはまた，スーパーヴァイザーへの過度な依存を強めてしまうかもしれませんし，そのため研修生はときに，患者とスーパーヴァイザー間のメッセンジャー役に降格させられたと感じてしまうかもしれません，あたかもスーパーヴァイザーのほうが患者の本当の分析家／心理療法家であるかのように。研修生がスーパーヴィジョンでの洞察を決して無駄にしてはならないと考えてしまうと，そこにまた問題が出てきます。たとえばその次のセッションでスーパーヴィジョンの成果を不適切にあまりに多く使いすぎてしまうようになってしまいかねません。したがって研修生がスーパーヴィジョンを受けた直後のセッションでは，患者は今までとはどこか違う舵取りをさ

れていると気づく場合があります[原注4]。同様のことは，臨床セミナーの後でも起こります。

　研修生の患者との作業を聞いていて，私が自分のなかに浮かんでくる私自身の考えにあまりに耳を傾け過ぎているときには，研修生に自立心が欠如していることだけを問題にすべきではなく，自分自身のスーパーヴァイズのしかたも検討しなければならないと考えています。スーパーヴィジョンの場で私は能動的過ぎていないか，指示的過ぎていないか，教条的過ぎていないか？

　研修生の解釈のしかたを批判しすぎていないか？　患者との臨床作業やスーパーヴィジョンにおいて研修生が自分の考えを発展させる余地を私はほどよく残しているだろうか，と考えてみます。言い換えるなら，研修生の経験している困難さに*私の*どこかが寄与しているかもしれないとこころに留めておく必要があるのです。

　訓練分析において同様のダイナミクスが働くことがあります。というのは，訓練分析家とスーパーヴァイザーのどちらもが，トレーニング・ケースとの臨床作業のさなかの研修生をサポートするにしろサポートし損なうにしろ，三人組の一端を担っているからです。それゆえ研修生の患者との作業がまずくなってしまっているのを（訓練分析家としての）私が耳にしたときには，この問題をその訓練生との私自身の分析的な作業を振り返るようにという私への助言と見なします。患者とのあいだで訓練生が抱えている困難のいくらかは，私との訓練生の分析において適切に扱われていない困難を反映しているかもしれないのです。

　訓練生の臨床作業がひどい具合になってしまっている場合，研修生の抱えている困難さに私たち自身が関与していそうな役割をじっくり考えてみるより，むしろスーパーヴァイザーとしての誰か，あるいは分析家としての誰かに問いただしたくなる誘惑にかられるときがしばしばあります。ここでは，研修生あるいは研修生をもっと手助け「すべき」誰かを批判して終わる前に，

　　原注4）訓練中の心理療法家／分析家に治療を受けている患者のなかには，もし質問されれば，毎週のスーパーヴィジョン直後のセッションが週のどの曜日のセッションであるかを言い当てられる者もいる。

研修生が抱えている問題に私たち自身が訓練指導者としてどのようにか寄与しているのかもしれない可能性をいつも吟味しておくべきなのです。

　母親は，とりわけ赤ちゃんの母親として十分に支えられていないと感じているとき，赤ちゃんが泣くのを母親としての自分の能力を非難されているように感じてしまったりすることを思い出すとよいでしょう。ストレスがかかっているときには報復してしまう母親もいます。同じように研修生も資格を得るために患者に依存しているわけですから，患者が低調なままなら，脅かされているように感じもするのです。それに重ねて，研修生がこのような困難についてスーパーヴァイザーから責められているように感じているなら，望ましくないダイナミクスがさらに続いて起こりかねません。

　研修生の将来の分析家資格獲得につながる訓練組織に疑念を抱くようになっている患者に対して，研修生はとてもやっかいな感情を抱くかもしれません。少なくともトレーニング中は報復しないよう注意深くふるまうとしても，この事態への研修生の反応は（無意識であるとしても）後になって表面化するかもしれません。患者によっては，研修生のトレーニングが終わった後ただちに分析が終わってしまうのはなぜなのかとの疑問を抱く人もいるでしょう。陰性の逆転移のあるものはトレーニングのあいだは適切にコンテインされているとしても，ひとたび研修生が資格を取ってしまうと難しい患者に対してはその逆転移が表面化してきたり，ふたたび実演され始めてしまうことはないのでしょうか？

　難しい患者によって自分の資格取得が脅かされているという研修生の気持ちは，もうひとつの結果を招くかもしれません。研修生が困ってしまう時期に患者が治療をやめてしまわないよう，その患者をもっぱらなだめようとしてしまうかもしれないのです。その結果，トレーニングを続けているあいだ，操作的誘惑的でさえあるやりかたで患者は治療に留まっておくようさせられてしまいます。

　おおよそスーパーヴァイザーは，トレーニング・ケースの分析の難しいところでは，その責任を分かち合う気持ちをできるだけ伝えるべきでしょう。こうした困難さは，その研修生の力量が足らない箇所を伝えてもいますが，

同様にしばしば，もっと有効なスーパーヴィジョンによるサポート，あるいは訓練分析でのさらなる作業が必要であるとのサインでもあります。スーパーヴィジョンの三人組のこの次元が見落とされてしまうと，研修生は分析家資格の取得をまちがいなく危うくしてしまいかねない難題をひとり背負わされていると感じてしまいそうです。

2．こころの中のスーパーヴィジョン

　経験の乏しいスーパーヴァイジーが常に抱えるリスクには，スーパーヴァイザーの権威や想定される賢明さを買いかぶりすぎる点があります。この事態が，研修生が患者といるときというそれがもっとも重要なときに，研修生の自律した作業を抑止しかねません。私は以前に，外界のスーパーヴァイザーから内在化されたスーパーヴァイザーへの発達過程，さらに内在化されたスーパーヴァイザーとは区別される研修生自身のこころの中のスーパーヴィジョンの発達について述べました[原注5]。この章はもっぱらこの課題を扱っています。

　スーパーヴィジョンのなかで，研修生が次のように言うのをときどき耳にします。「セッションのこの時点で，**あなた**だったら何と言っただろうかと私は自分自身に問いかけていました」。こうしたところから私は，**内在化されたスーパーヴァイザー**という概念とは区別して，**こころの中のスーパーヴァイザー**という概念を研修生自身の思索を表しているものと見ています。実際のスーパーヴァイザーが言うだろうこととセッションのなかで研修生が考えていくことの，どちらもが重要なのです。それゆえ私はスーパーヴァイジーに，これらふたつの立場間の内なる対話という感覚を育んでいこうと思っています。この対話を進めていくなら，今行われているセッションという当面性を考えに入れながら，内在化されたスーパーヴァイザーによって表されている考え方に対応し処理していけるようになるのです。同じように正式のスー

[原注5]　Casement（『患者から学ぶ』1985：第2章　；『さらに患者から学ぶ』1991：第2章）を参照

パーヴィジョンも，こころの中のスーパーヴァイザーと外界のスーパーヴァイザーとのあいだの対話の性質を持つものであると私は考えています。

　こころの中のスーパーヴィジョンという機能は，研修生みずからの分析での経験，正式なスーパーヴィジョン，臨床セミナー，さらには多くのセッションの臨床的な流れを追ってみることから展開してきます。そして，ちがった選択肢やその選択肢が含むものに気づけるようになるためには，とくにセッションのなかで圧力のもとにあるとき，患者とのあいだで起こっていることに研修生が独力で対処していけるようになることこそが基本なのです。こうして解釈をすることや沈黙を保つときに気づくことが，直感あるいは（ときには）麻痺の問題とされすぎるよりも，もっと確実な望ましい熟練技能になるでしょう。

　こころの中のスーパーヴィジョンがより速やかに形成されていくためには，セッションの後にではなくセッションの**まさにそのときに**，じっくり考えられるこころの「島」を作り上げることが研修生に求められます。この島作りによって治療者は，観察自我ではセッションの変遷をモニターしていくための十分な分離を保ち続けながら，セッションのダイナミクスに引きずり込まれていくことができる自由をもっと幅広く獲得できるのです。何が起こっているかを熟考できるこの能力は，患者への治療者の情緒的な対応の意味がわかるようになる手助けもしてくれますし，ときとしてセッションのなかで感情に圧倒されてしまっている事態を，その体験しているものによって無能力になってしまわずに理解できるようになる援助もしてくれるのです。

3．患者への試みの同一化

　スーパーヴィジョンでのもうひとつの技術は，セッションの場で研修生が患者に試みに同一化してみるよう，なかでもとくに分析家や心理療法家に言われたことを，患者がどのように経験しているのかを患者の視点からじっくり考えてみるよう勧めることです。それは患者の実際の経験が，治療者が意図しているものとは異なっているかもしれないそのあり方を探るためです。

この自己モニタリングはものすごく重要です。なぜなら，分析家も解釈の与え方――すなわち解釈のスタイル，マナー，タイミング――によって患者に影響を与えてしまっているのなら，転移を意味深いものとして解釈するのは必ずひどく困難になっているはずだからです。

4．例を提示する前に考えてみたいこと

　これから提示する例は分析技法でのいくつかの規則を説明するためのものなのですが，その多くが自分自身のあやまちや他の人たちのあやまちから学ぶことから浮かび上がってきたものなのです。
　これらの例では，とあるセッションのあるときを使って演習します[原注6]。この練習のおもな目的は，これから描写される私たちが後々に必ずや出くわすにちがいない問題に出会ったときに，それらの問題をよりきちんと認識できるようになるためなのです。
　さて，スーパーヴァイザーが患者への試みの同一化を行っているとても簡素な例を，転移に焦点を見出そうとする研修生の試みと関連させて描いてみます。

例1

　ある患者がやっと言いました：「誰も理解していません……」。研修生は答えて言いました：「*私が*，理解していないようですか？」
　スーパーヴァイザーとして私は数分間，この一連のやり取りを研修生と見ていきました。それから次のように言いました：

　　しばらく私が患者になってみましょう。もし（患者として）私が，誰も

原注6）　臨床での課題をよりスムーズに考えられるようになるために，音楽家が音階を練習するように臨床ヴィネットで練習することがしばしば効果を上げる。音楽家のように，実際に「音楽をつくる」ときにより流暢さが必要なときにも，このことは大切である。音楽家がコンサートのさなかに練習の時間が取れないのと同様に，私たちもセッションのなかでは練習時間は取れない。

理解していないとやっと言えたとしたのなら，ここでの「誰も」は**あなた**を含んでいるでしょう。したがって私はあなたの問いかけを，あなたがあたかも私の言うことをきちんと聞いていないのか，あるいは私を信じていないこととして聞くでしょう。ですから「**私が**，理解していないようですか？」という質問は，あたかもあなたが「いいえ」という答えを期待しているかのように聞こえます。つまり（患者としての）私はこの問いかけを，私が**あなたを**理解していないと考えるであろう可能性をあなたは考えたくないとの気持ちを伝えているとして聞きましょう。もし私があなたに直接怒りを向けてよいと思うなら，私は次のように言うだろうと思います：「自分が何もかも理解できるほど頭がいいなんて，あなたは思わないで」。あるいは，あなたに同意してあなたをなだめなければならないと思うかもしれません。たとえば，次のように言うでしょう：「私は，**あなたが**理解できないと言おうとしているのではありません。」

それから研修生は患者の反応を報告しました：

　もちろん，**あなた**を含めているつもりはありません。あなたはよく理解してくれていると私は思っています。でも，たとえ大声で叫んだとしても，私の感じていることは決して父にはわかってもらえないだろうと思うくらい，しばしば父を遠く感じていました。父はいつでも自分が正しいと確信していました。

〇コメント
　こうした一連のやりとりをとおしてスーパーヴァイジーに，この質問に対する患者の反応は，研修生が防衛的であると当然聞きとられうるものであろうと解説できます。患者は研修生を安心させよう，保証しようとしています，さらに続けて，研修生が耳を傾けていなかったという気づきをある別の人物（ここでは父親）に置き換えています。したがって，（ひょっとしたら）理解できていないのではないかと否定的に見られるのを研修生が嫌がっているよ

うなので，あたかも患者のほうがこの研修生は注意深く取り扱われる必要があるのではないかと心配していたかのように見えます。いまでは父親との関連で語られている，この問題についての反響は，**患者による無意識のスーパーヴィジョン**（Langs, 1978）の例として理解されるでしょう。あたかも患者が次のように言っているかのようです：「私は，あなたにどのように近づいていいのかわかりません。私が大声で叫ばなければ，あなたは聞いてくれないのでしょうか？」

この研修生がここで学びうるもうひとつのことは，患者は，陰性転移を発展させるままにしておかれずに，とてもたやすくそらされてしまうということです。このようにして陰性感情は，分析から排除されたままに置かれます。

例2

ある患者が最近見たテレビ番組について話していました。その番組では，ある人物が精神科医に向かって，自分が危険なナイフを持っていることや誰かを殺してしまわないかと恐れていることを話していました。その精神科医はあまり深刻にこの事態を受け止めていないようでした。そしてそれから（番組のなかの）この人物は外へ出ていき，**実際人を殺してしまいました**。

続いて患者は，もし自分が本当に誰かを殺してしまったら法廷で何と言ったらいいのかと，研修生に執拗に聞いてきました。研修生は，守秘をめぐる問いに焦点を当てて話していきました。そして次のように言いました：「あなたは，私にうち明けて本当に大丈夫なのだろうかと，不安なのだと思います。あるいは，あなたが私に話した内容を，私が誰かに漏らしそうでしょうか」。スーパーヴァイザーとして私は，この焦点の当てかたは誤解を招きやすいと思いました。それで以下のようにコメントしました。

あなたは**守秘**をめぐる問い（と想定された未来におけるこの問題）にとどまっているようです。この守秘についてのほうが，このセッションの始めの話に言及されていた**暴力がありうる**という問題よりも考えていきやすいものなのでしょう。

暴力についての考えが空想から行動へと発展してしまうとは深刻にとられていない人物について，私たちは聞いていました。ここで患者の立場であなたがあなた自身の話に耳を傾けていたなら，暴力についての**自分**の考えが深刻な問題として取り上げられるのかどうか，彼がいぶかっているかもしれないとあなたは気づくでしょう。その暴力についての考えは，患者が指摘しているようにまさに取り上げられる必要があるものです。それが取り上げられないと，いずれ未来に暴力は行動となってしまうかもしれません。このようなとき守秘の問題は，治療者が患者の暴力の感覚や空想にどのように対応するかという課題と較べれば，まったく二の次の問題であると私は思います。

○コメント

またもや私たちは，そのセッションに今あるより困難な課題を治療者がそらしてしまうのを見ています。暴力が起こるかもしれないことこそが，それなのです。焦点の当てかたから，治療者もこの暴力を恐れているようだと患者に感じさせたかもしれません。そしていま進行しているセッションのなかで，もっとも取り組む必要のある課題に，治療者が逃げ腰になっているように見えるとしたなら，患者は自分が安全にコンテインされているとは感じられないという事実は覚えておかねばなりません。

例 3

男性患者が訓練中の女性治療者に自分の感情を露呈してしまうのではないか，とくに泣き叫んでしまわないかとの不安を表明していました。さらに付け加えて，言いました：「男が泣くなんて女々しいじゃないですか？」。彼は続けて，人の前で泣かないようにいつも気をつけているその様子を語りました。研修生はそれに応えて言いました：「私の面前で泣いてしまったら，私があなたを拒絶するのではないかと怖いのでしょう。」

拒絶という特別な考えが，ここでは患者によってではなく治療者からもたらされたとのことに私は気づきました。それでコメントしました：

ここには注目すべき点がふたつあります。ひとつは，巧妙な言い回しによる問いかけです。その問いは，答えが必要ないかのようになされています。もうひとつは，あなたの実際の返答です。これらふたつの点に関して，ここでその患者として，あなたはどのように感じるのでしょうか？
　患者の立場から私があなたに耳を傾けてみるなら，あなたの返答はこの巧妙な問いには何も応えていなくて，男が泣くのは「女々しい」という考えにあなたが同意しているように私には聞こえます。ここには患者がどうして泣くことについて，このような見方をしてしまっているのかを探っていくという，もっとなされるべき作業があるにちがいありません。そうした作業によって，必ずしも**誰もが**男が泣くのをそのように考えているわけではないとのことを彼は見出す必要があります。
　また，あなたが患者を拒絶するという考えは，どこから来ているのでしょうか？　患者の話にはこの表現はありません。だからもし彼が泣いたのなら，**あなたは彼を拒絶するだろう**とあなたが示唆しているかのように，あなたを彼は誤解するかもしれません。私たちが言おうとしていることを患者は聞き違えるかもしれないと，患者の聞き取りかたにいつも耳を澄ましておくのが大切なのです。患者の実際のコミュニケーションに先走ってしまわず，私たちが言っていること（あるいは言おうとしていること）を患者の見方からモニターしておくなら，このような誤解はずっとうまく避けられます。

〇コメント
　私はこの例から研修生が，セッションにおいて誰が何を持ち込んだかに慎重に目を向けてくれるように，さらには，治療者が持ち込んだものは治療者に関する，無意識の真実を露呈していそうなものと患者は見てしまうようだとのことを思い起こしてもらいたいと思います。こうした治療者を「読むこと」によって**もはやこの見方で見られてしまっている**治療者に，患者がかかわってくるのは，珍しくない経過として見られるものです。

例 4

　ある患者は，教師がマスターベーションを「自己淫蕩 self-abuse」と表現していた学校に通っていました。そして患者は今や，マスターベーションについて話すときの彼独自のものとしてこの言葉を使っています。女性治療者は，マスターベーションについて語る患者自身の言葉を治療者である彼女も使ったあるセッションを報告しています。私はコメントしました：

　　ここであなたが「自己淫蕩」について話しているのを聞いていると，あなたが患者の立場からは考えていないだろうと思われるふたつの点が聞こえてきます。まず第一に，あなたが遠回しに表現しているように聞こえます。それによってあなたもまた，この言葉を聞きながら気まずい思いをしているのだろうと思わせます。患者はここでマスターベーションを彼独自の言い回しで遠回しに表現しています。しかし，あなたも難しく感じていると彼が感じてしまうなら，マスターベーションについてもっと話してよいと彼に感じられるようには援助できません。

　　もうひとつ，マスターベーションを悪いこと，文字通り「自己淫蕩」であるとあなたも考えているかのように私には聞こえます。私が強調したい点は，基本にあるのはそれとは違う見方がありうるのを見出す必要が患者にはあるとのことです。もしあなたが自分の言葉でもっと直接に話すなら，あるいは，あなたはマスターベーションを患者のようには見ていないと慎重に伝えるなら，それが分析空間を広げるよう手助けしてくれるでしょうし，その空間では別の見方が考えられるでしょう。そうするなら，「あなたが自己淫蕩と考えるようになったもの」としてマスターベーションに言及することによって，彼が語ってきていることについてあなたは話しかけられそうです。そこから，この点に関して患者がまわりの人たちの態度に，どのような影響を受けてきたかの分析へと歩を進められそうです。

○コメント

　ここで示したいのは，患者のものの見方に何らかの変化が生じうる機会が

あるとしたら，それにはいつも，ものごとが治療者／分析家にはどのように見えているのかということと，それが患者の人生では以前はどのように見えていたのかということとのあいだに**十分な違い**が必要であるということです。この違いこそが，分析空間を確立するのです。この分析空間のなかでは，ものごとについて以前とは違うように考えられるようになります。治療者が患者の病理的な見方を共有しているように見えているときに，治療者がそのことへの患者の見方を正そうとしているなら，それは頭を混乱させるものと感じられるでしょう。

例5

報告されたセッションの前日，ある女性患者はトレーニング中の男性治療者に待たされたのでした。そのセッションに時間通りに来たにもかかわらず，彼女が入り口の呼び鈴を鳴らしてもその研修生はすぐに対応しませんでした。

翌日，患者は予約を守って「時間きっかりに」その場所にいるよう彼女に強く要求する職場のある人物について話していました。研修生は当然この話と前日のできごとを結びつけ，次のように言いました：「あなたは昨日，私が二時きっかりに，ドアを開けてあなたを迎え入れなかったことを話されているようですね」。私はここにも，研修生が患者自身の言葉を使って患者に返す際に気づいておくべき大切なものがあると思いました。そこでコメントしました：

> ここであなたにその患者になってもらって，時間きっかりと私があなたに言うのがどんな感じなのかをじっくり考えてもらいたいと思います。あなたがあの場で言ったように，「私は2時**きっかり**に，ドアを開けてあなたを迎え入れませんでしたね。」と私が言ったとしたなら，ほんの2～3分のことを神経質に騒ぎ立てていると強くとがめられているとあなたは感じると思います。あなたは患者自身の言葉を引用しているのですが，セッションのその時点において，この言葉は**あなた**から発せられています。それで患者を非難しているようなのです。

もし私が，「あなたは，時間を守るという問題を出してきていますが，それから私は，あなたとのセッションで**私が時間を守りそこなった**昨日のできごとを思い出しました。」と言う場合の，先ほどの言いかたとはまったく異なった含みを比較してみてください。時間を守るのは私の責任であること，そして私が時間を守りそこなったこと，何分くらい私が遅れたのかはまったく問題ではないことを私はあいまいにしないで受け止めています。ほんの2～3分間に動揺してはならないと感じさせられているというのではなく，私が時間を守れなかったことにさまざまな思いを抱く権利が彼女にはあると，もっとはっきり彼女は感じられると私は思います。

ですから患者が，「そうですね。たった数分ですものね……ほんとうに大したことじゃないですね。」と返答したのは何の不思議もないでしょう。この発言は，治療者のこの失敗への患者自身の見方は大したことではないと扱われていると彼女が思っているかのように聞こえます。そうして彼女は，治療者に導かれてこの問題を捨ててしまいます。

○コメント

ここでは研修生に，細かな内容からより本質的なテーマを抽出することの価値を学んで欲しいと思います。時間を守るという問題に取り組むことが，遅れの長短をつべこべ言いたくなる気持ちをいつでもすぐさま引き出すというものではないのです。

また転移のなかに表されている重要な問題があり，それがここではそらされているというところも研修生に認識してもらいたいのです。とりわけ彼女が前の治療者を信頼できないと体験していたことを思い出せるのなら，患者はこの種の期待はずれに神経質に騒ぎ立てる権利があるのがわかると思います。この新しい治療者も，まさに彼女を落胆させているのでしょうか？　少なくともこのセッションでは，そのような不安は片隅に追い払われているかのようです。このように患者は，ここでの陰性転移の自由な探索を否定されていますが，それこそがこの2度目の治療において彼女が安心を得る上でと

ても重要なのです。

例6

もうひとりの患者も以前，あるカウンセラーの治療を受けていましたが，うまくいきませんでした。その失敗の理由のひとつは，カウンセラーがセッションを度々キャンセルしたためであると述べられていました。

さて，この二度目の治療で，訓練中の治療者が急にセッションをキャンセルしました。患者はこのキャンセルに強く反応し，キャンセルのあった次のセッションで彼女はさまざまな引き合いを出して安心感のなさを述べました。上司は彼女に辞めてもらいたいようだ，夫が自分を拒絶している，そのセッションに遅れたのはバス運転手が，乗り換えのバス停留所で彼女がバスに乗ろうとする間もなくバスを発車させてしまったためである，などと語りました。そこで研修生は次のように言いました：「おそらくあなたは，私との治療ではあまり安心できないとおっしゃっているように思います」。私はコメントしました：

> あなたと一緒にいて安心できないと患者は**とてもはっきり**言っていると私は思います。患者が辞めていくよう望んでいそうな誰か，彼女を拒絶しているように感じられている誰か，彼女がバスに乗るのを望んでいない誰かについての話を私たちは聞きました。そのうえ，彼女はすでに一度治療者を替えていました。したがって，この第2回目の治療も困ったことになっているかもしれないという考えは当然彼女を**ひどく**不安にさせているでしょう。あなたとの治療が危機にあると感じているかもしれません。それゆえ彼女には，それが自分に意味しているだろうことに，あなたが本当に触れているのかどうかを知りたい切実な思いがあるのです。それはまたもや治療者を代えなければならないかもしれないほどなのです。

ここで私が患者と試みに同一化してみるなら，あなたの「おそらく」という言葉の使いかたは，この事態が患者にはどれほどの危機であるのかをあなたが本当にはピンときていないことを私にほのめかしています。また，

「あまり安心できない」という発言は，患者が感じているかもしれない安心感のなさをあなたがまたもや過小評価しているかのように聞こえます。もしあなたがここで言おうと，こころに抱いていたことに，患者の立場から耳を傾けていたのなら，あなたは自分の力でこのような点を選び出していたでしょう。

○コメント
　私はこのわずかなやりとりを指導のかなりのポイントとしました。この治療者がためらいがちであるよりは，もっと断固としている必要があろう機会もこれからきっとあるでしょう。ですからこのことは，いま学ぶに値するのです。なぜなら危機状況にある患者は，その危機状況のインパクトのいくらかを感じ取ってくれるとともに，この事実にこころから触れている分析家／心理療法家についての確実な感覚を持つ必要があるのです。言わば，遠くからコメントしているのではこと足りません。しかし，正反対の問題もあります――次の例のように，治療者のコメントが確信し過ぎているように聞こえる場合です。

例7
　患者は妻とのけんかを語っていました。そのけんかの後，妻は家を飛び出したのでした。訓練中の治療者は言いました：「あなたはきっと，ひどく拒絶されたと感じたにちがいありません」。患者は「そうですね。」と答え，それから続けて，妻はそのけんかが何についてであったかを理解していないとの思いを語っていきました。私はコメントしました：

　　私はここで，ふたつのことに関心を抱いています。ひとつは，患者が「きっと」拒絶されたと感じたに「ちがいありません」とあなたが言っているところです。なぜ彼はそう思ったに**きっとちがいない**のですか？　あなたはここで，あまりに文字通り患者の身になりすぎたのかもしれません。私たちがこの患者に試みに同一化してみるときには，文字通りに患者の

身に**私たちが**なってしまうのではないということをいつもこころに留めておく必要があります。そう言うと誤解されてしまいそうです。それというのは私たちは，その状況において**患者が**感じたであろうことよりもむしろ，**私たちが**感じたであろうことに注目しやすいからです。ですから，私たちが試みに同一化していくときに，そうした状況において（その患者特有の体験と生活史でもって）患者が感じたであろうことを探索しようとしていくのには，患者について私たちが知ることすべてを使う必要があるのです。

それから，この患者との最近のセッションについての私の記憶を利用しながら，私は続けました：

　この患者について知っているほかの出来事を私たちがこころに留めているのなら，家に留まっていながら，そこにガールフレンドと一緒に住めるようにしようと，妻を怒らせて家出させるという考えを彼がもてあそんでいたのを私たちは思い出しそうです。たびたび彼は妻に不当な仕打ちもしました。したがって拒絶されたと感じるだけでなく，ここでほかのもっとたくさんの感情を彼が味わっていたとしても不思議ではありません。たとえば，勝ち誇った気持ちだったかもしれません。
　この患者が何を感じていたのかは実際にはわかりませんが，ここで**自分自身**が何を感じているのかを彼がじっくり考えてみるための手助けは私たちにできるかもしれません。「奥さんが家を出ていったことについて，あなたが何を感じたのかがはっきりしません。」と伝えることで十分でしょう。そうすれば患者がそうしたいなら，自分の気持ちをはっきりさせようとしはじめるでしょう。とりわけこのセッションでは，誰かに理解されているとは感じていない，と彼が答えているのを私は聞いています。これは患者による無意識のスーパーヴィジョンでありそうです。彼はあなたに理解されていないと感じていたのかもしれません。

○コメント

　ここではたいていのときと同じように私は，技法について指導しています。ただそれのみならず，「私たち」という複数形を私は使っていました。私はこの表現を，**スーパーヴィジョンの複数形** *plural of supervision* とも考えています。あたかも言うべきことを私がスーパーヴァイジーに教えているかのように，「私」と「あなた」という関係に止まり過ぎないようにしています。そうした在り方はいともたやすく，じわりと侵食されていること，それどころか迫害されていることとして経験されかねないと思うのです。ですから私はスーパーヴァイジーのとなりに自分を置きます。そうして選択できそうなことを考えていこうとしながら，「私たち」が気づくかもしれないことや「私たち」が言うかもしれないことを話していきます。

　もうひとつここでは，患者にじっくり考えみるようにうながすやりかたとしての，知らないというスタンスの持つ有用さも示しています。私たちは確信を持てないポジションによくいるものです。ですから患者と一緒に探索していくプロセスを得られるやりかたを開拓する必要があるのです。そのやりかたは必ずしも質問をするだけではありません，そうした質問は，侵入や支配と受け取られもしやすいのです。

　ここで一言述べておきたいのですが，この治療において明らかにきちんと注目されるべき，患者が妻をひどく扱っているというかなり大きな問題点を私はまだ取り上げていません。私はそうしたさらなる作業に進んでいくためのステップとして，研修生がその患者が感じていたに「違いない」ことをわかっているし，それは拒絶されているということに関連しているに違いないと確信することでその問題からそれてしまっているという点に，ここではかかわっています。

例 8

　ある女性患者は，研修生のトレーニング・ケースとして 2 年間の治療を続けてきました。患者はいま治療の終結について話しています。ひとつのセッションのある時点で自分は次のように話したと研修生は報告しています：

「あなたは，治療のなかで直面しなくてはいけないほかの何かを恐れているので，健康に逃げ込もうとしているのだと私は思います。だからこの何かから逃げてしまうなら，あなたはいつの日か，自分自身からは逃れられないとのことに気づくでしょうし，時期尚早に終わってしまったといずれ悔やむでしょう」。私はコメントしました。

　　いくつかの理由から私はこのやりとりには不満を感じます。第一に，「健康に逃げ込む」は専門用語です。私たちがその問題を知性化に誘うようにはしないやりかたで伝えられないでしょうか？　二番目として，この患者が治療を離れようとしている理由を私たちは**知りません**。患者はトレーニング・ケースとしての時期を終えたとき，低料金の患者として自分はもはや望まれなくなるのではないかと不安になっているのかもしれません[訳注2]。（治療が始まってまもなく患者は，自分の治療者が研修生であるのがわかっていました。）三番目に，ここでそれがひとつの妥当なポイントであるかどうかを決めていく前に，（健康に逃げ込んでいるという）検証されていないあなたの仮説を根拠にしています。ですから，彼女が治療をやめてしまうなら，悲惨な精神的な結末にいたると脅しているようにあなたは聞かれかねません。

○コメント
　ここには客観的な教訓がいくつかあるようです。研修生のなかには専門用語を使って，治療過程を知性化させてしまいやすい人たちがいます。もうひとつ，検証されていない仮説がもはや根拠にされているときに気づいてもらいたいのです。なぜなら，それが「二列の解釈 two-tier interpretation」——まだ妥当だと確証されていない最初の仮説に基づいた二番目の仮説（あるいは，考え）を同時に提示してしまう解釈（訳注：著者と相談の上の追加

訳注2)　英国精神分析協会の主宰する精神分析クリニックでは，所属する研修生は低料金で精神分析療法を提供している。精神分析家の資格を得ると，もっと高い普通の料金で治療を始める。なお日本精神分析協会も同様な料金システムを導入している。

文)——に向かってしまいかねないからです。さらには，いま辞めようというこの考えにどのような多様な考えの脈絡があるのかを探究していく必要性を研修生に認識してほしいと思います。というのはここには，ただひとつではなくいくつかの要素があるものなのです。加えて，解釈が警告としてだけでなく，脅しと取られかねない場合に私たちは注意しておく必要があります。患者はこのような種類のコメントによってひどく不安になりかねませんし，それらの不安状況に治療者が寄与していることがときどき見過ごされてしまっています。

結　語

　私はここで，技法上の特別な問題点を描き出すだけでなく，ひとつのセッションの進行しているプロセスのなかで，研修生が自力で技法を学んでいこうとするよう促す全体的な雰囲気という考えを提示してみようとしました。
　ここには述べていませんが，この考えからのもうひとつのステップとしては，セッション提示での不可欠な部分である，こころの中のスーパーヴィジョンについての研修生自身の考えを分かちあうよう勧めることがあります。
　研修生はもちろん分析家や心理療法家にとっても，技法について学ぶべきことはいつになってもいくらでもあります。たいていのセッションにおいて，注意すべき技法上のポイントやちがった取り扱いかたがあるものです。したがって問題点や別の選択肢，それらの患者にとっての含みをどのように認識するかを学ぶ上で，患者との試みの同一化を学ぶことは必要なステップです。この同一化がやがて，こころの中のスーパーヴィジョン過程の自然な一部，すなわち正式なスーパーヴィジョンの後継者となっていくのです。
　研修生がスーパーヴィジョンなしに働けるその資格を得る前にこれらのやりかたを獲得し始めておくことが，必要な自律を育むための方法のひとつなのです。もちろんここで議論されてきた点以上に，訓練中の心理療法家／分析家のあらゆるスーパーヴィジョンに必要な課題はもっとほかにもありましょう。しかしこれまで述べてきたポイントが有用であればと私は願っています。

第5章　心理療法で援助しようとするときの落とし穴[原注1]

> 精神分析や心理療法においては，私たちがもっとも熱心に援助しようとするときに限って，援助ができないということが起こりがちです。

はじめに

　人の役に立ちたいと考える人たちが，他人を助ける職種に魅かれるのは当然です。そしてこのような職業を目指す人の一部が，その後心理療法家になっていきます。しかしこの初めのころの，ときにはとても純朴な，人の役に立ちたいという願望が強く残ってしまった結果，患者の**ために**治療者が**いっしょに**行うべきことを妨げてしまう，という事態が起こってしまうときがあります。この願望に付随して，**役に立っていると思われたい**という一種の「対になった」願望があります。そしてこの願望も，治療作業のなかで陰性転移の取り扱いがもっとも重要になる時期にその作業をきちんと行う妨げになります。

　苦悩を抱えた状態で，私たちのところにやってくる人たちを援助する方法を見つけようと努力すべきだという考えは，もちろん理解できます。けれども**長期的に見た場合**，患者にとって結局もっとも役立つことと，患者に一番

原注1)　この章は，ロンドン，リージェント通りのウェストミンスター・ユニオン大学にて2000年1月29日（土）に開催された英国心理学協会[訳注1]の心理療法部会および学術集会で最初に報告された。その日のテーマは「心理療法において援助しようとすること」であった。この論文の初稿は，英国心理学協会心理療法部会ニュースレターNo.28（2000年9月）に掲載された。

訳注1)　英国心理学協会（British Psychological Society）とは，英国における心理士の認定を行う組織である。

役に立ちそうだと治療者が好んで考えがちであることとは必ずしも一致しない，というのも臨床での事実です。

それでは，どうしてこの問題はこれほど複雑なのでしょうか？

1．行き詰まりに対処すること

　治療における危機や行き詰まりを患者が乗り切れるように手助けしようと，何らかの例外的な手法を用いたという治療者の話はまれならず耳にします。そのようなとき，治療関係には耐えがたい緊張や圧力がしばしば存在しています。そこで治療者がこれらの緊張や圧力を取り除いてしまおうとオーソドックスから外れた手法を取ることは珍しくありません。たとえば治療者によっては，患者の腕や肩に手を添えるかもしれませんし，患者の手を握るかもしれません。またある治療者は，面接室にある物を一種の移行対象として，患者が自分の家に持っていってよいと貸し出すかもしれません。さらには，週末や休暇(訳注2)のあいだは自分との例外的な連絡や面接を許す治療者がいるかもしれません。

　とくに緊急時や危機状況において，このような形で患者を援助しようとした実例は多岐にわたります。しかしその場合の問題のひとつは，他の治療者の臨床活動において働いているダイナミクス，あるいはその結果として起こる展開に対する評価は，その患者を実際に治療しているわけではない以上，私たちが外部から本当の意味では下せない，という点です。しかも，ことが起こってしまった後で賢明になるのはとてもたやすいのであって，ましてや自分が治療していない症例について考察する場合はなおさらです。さらには，そうした例外的な手法によって，大きな危機が避けられたようだという形で提示され，それが本当らしく思われる症例は，枚挙に暇がありません。したがって，これらの治療者を批判できるものなのでしょうか？

訳注2)　英国の精神分析家や心理療法家は，イースター休暇（3月または4月），夏期休暇，クリスマス休暇の形で1年に3回の休暇をとることが多い。期間は2週間から1ヵ月程度である。休暇の間，原則的には患者は治療者と連絡をとることができず，緊急対応はGP（General Practitioner，一般開業医）または緊急センターが行う制度になっている。

他の人が危機に対処しようとして行ったやりかたの粗探しをしたいとは思いません。なぜなら，もしその人がそうしなかったら起きていたかもしれないもっと悪いことから，患者を守ったかもしれないからです。しかしこのような危機状況において働いていると思われるダイナミクスについては，私たち自身のために**ぜひとも**考察したいと思っています。なぜならこの考察によって，自分が同じような危機状況にあると気づいたときに，こうした状況を違ったふうに査定できるようになれるかもしれないからです。

2．援助しようとすること

援助しようとすることのダイナミクスと，**安心させようとすること**のダイナミクスとを較べてみるのは有益かもしれません。

「安心させようとすることは，決して安心させない」という見解を（精神分析の仲間うちでは）しばしば耳にしますが，これは正しいと私は考えています。少なくとも私の経験では，このような手法によって安心**できそうなのは**，安心させようとしている本人だけだと思います。

例1

女性患者が治療の夏期休暇を無事に終えられるように援助したいと，ある男性治療者が思っています。そこで治療者は，患者が大きな危機を経験せずにこの夏期休暇を無事に過ごせると信じたくて，次のように言います：「休暇が終わってふたたびお会いするまで，あなたは大丈夫だと私は信じています」

さてこの発言を患者の視点から見てみると，彼女がこれをまったく異なったふたつのレベルで体験したかもしれないとたやすく想像できるでしょう。意識的には，休暇中ひとりでやっていける能力を自分が持っていると治療者が信じてくれていると患者は確かに安心したかもしれません。しかしこの効果は，表面だけにすぎないかもしれないでしょう。より深いレベルでは，治療者が休暇中は患者のことを心配する必要なしにこころおきなく休

暇に出かけたいのだ，と患者が感じたかもしれないのです。治療者は**自分が**患者のなかに**見出したい**こころの状態について話しており，必ずしも**患者が実際にそうある**こころの状態については，話していないと患者がとらえそうでもあります。

　治療者に連絡したりせず休暇を無事過ごせるかどうか少しでも不安に思っているときには，治療者がこの患者は大丈夫だと思いたがっているように感じられる言葉を耳にすることで，患者はいっそう不安になるかもしれません。そのような言葉が暗に含む意味は，そのときに自分が実際に感じているものとはまったく違うと患者は感じるかもしれません。そしてもし患者が休暇という体験を通して本当に援助されたと感じるとするのなら，それは治療者が患者に感じて**欲しい**ことではなく，患者が**実際に**感じていることを治療者のこころに留め続けていると患者が感じるときでありそうです。

　このコメントの持つもうひとつの問題は，それが患者のひとつのレベルに対してだけ向けられているという点です。しかし患者は，とくに治療のなかで退行が生じているときには，異なったレベルにおいて異なった感情をしばしば抱いているものです。この場面における安心させようとした介入の代わりに，患者のなかに様々なレベルが同時に存在している可能性を考慮に入れながら，患者がどのように感じているかをいっそう明確に理解して伝える（この種の問題に関連した私自身のあやまちから学ぶことを通してようやく見つけ出した）介入がありそうに思います。

例 2
　あるとき，私は長い夏期休暇を前にして，ある男性患者に次のように伝えました。「私がいないあいだ，あなたが大人としてやっていく術を見つけるだろうと私たちはともにわかっています。でも，いくらそれが分かっていても，私の長い休みが，あなたのなかの子どもの部分にとってどれだけ大変かと私が**本当に**理解**している**のなら，休暇を取るなんて**できない**だ

ろうとあなたは感じているのでしょうね。」

○コメント

分析のなかで一度も泣いたことのなかったこの患者は，私がこのようにコメントしたとき涙ぐみました。とりわけ子ども時代に不在と放置に彩られた体験をもつ彼にとって治療者の不在がどんな意味を持つのかを，私がある程度は**確か**につかんでいるようであると彼は感じたのです。安心させるためにこのときどんなことを私が言ったとしても，内的な退行状態において自分が実際抱いている感情に治療者は触れていないという彼の疑念を裏づけるだけになってしまっていたでしょう。

3．援助しようとする治療者の試みを患者はどのように理解するか

援助しようとする治療者の試みを患者は，自分に向けて何を意図しているのかという点からだけでなく，治療者にとってどんな意味を持つのかという見方からも読み取ろうとたいていするものです。ときには患者がその援助の試みを，前述したように治療者の意図とはまったく違う形で経験する場合もあります。

またときには次の短い例のように，このような患者による治療者の意図の読み取りがそれほど大きな問題にはならないときもあります。

例1

かつてある精神分析家が，末期状態の疾患のため入院治療中の女性患者を定期的に訪れていたときの経験を話していました。患者が分析を中断せずに続けられるよう，分析家は毎日病室を訪れていました。

ある日分析家が病室に入ったところ，前に来ていた見舞い客の持参した花束がベッドの端に置いたままになっているのを見つけました。その日はひどく暑い日であり，またその客が出て行ったばかりのところでもあったので，分析家はセッションを始める前に，看護師に頼んでこの花束を水に

つけておいてもらいましょうか，と提案しました。ところが患者はこれに対して，驚いた様子で次のように言いました。「花束は待てますわ。お花の世話は，後から看護師さんがしてくれるんじゃないかしら。」

○コメント

この反応をよく考えてみると，あたかも患者自身のセッションに対するニードが，花束のニードよりも後回しにされてしまう危機にあるかのように彼女が反応しているのがわかるでしょう。彼女はこう言っているのかも知れません。

「花束は待てますわ。でも*私は*どうなるんですか？」

花束を水につけるのは看護師がすべき世話で，精神分析家がするにふさわしい世話ではないとも患者は指摘していたのかもしれません。

　病院から帰る道すがら，分析家は患者の驚きについて考えてみました。彼女は，分析家が役割を外れて行動したことにショックを受けたようでした。すなわち分析家は，花束を水につけましょうかと言い出し，それは彼女とのセッションにおける分析家のいつものやりかたとはまるで異なっていました。分析家は，次回のセッションでこのことを取り上げてみようとこころに決めました。次のセッションで分析家は，花束を水につけようかという提案によって患者がショックを受けた様子であったのがわかったと述べました。彼女は答えました。「全然気にしていませんわ，先生。わかっています。**先生が私に，死ぬんじゃないよと**訳注3)**思っていらっしゃるのは知っていますから。**」

この例は，自分を治療している専門家のこころを読み，さらにその専門家がそのように言ったその動機の一部をまったく的確に認識した患者の姿を私たちに示してくれています。とはいえこの例においては，分析家によるこの

訳注3)　die には，「死ぬ，枯れる」両方の意味がある。したがって「（花に）枯れて（die）欲しくない」という分析家の行為に含まれた，「（患者に）死んで（die）欲しくない」という無意識のメッセージを，患者が正しく理解した，ということである。

ひとときの無意識の自己開示からよくないふうに進みそうにありません。しかし患者が分析家のこころを読むことから、もっとずっと困った問題が生じてしまう**他の場合**もあるのです。もちろん患者は、この例ほど正確に分析家（または心理療法家）のこころを読むとは限りません。しかし患者が分析家や治療者の動機をどのように読むかが、その後に起きる事態を患者がどのように経験するかにしばしば影響するのです。

4．分析家や治療者が援助しようとすることで，誰が最も援助されるのか？

この問いは、治療者[原注2]が「援助している」態度、もしくは援助しようとする態度を取りつつあるときには、いつであろうと念頭に置くべき重要なものです。安心させようとするときと同じように、治療者の側に役に立ちたいという願望があるのが、ほとんどの場合はっきりしています。それでは、それが実際に手助けするという結果に必ずしもつながらないのはなぜなのでしょうか？

援助しようという行為は一見愛他的に見えますが、必ずしもそれだけに由来しているのではありません。しばしば、自己防衛やよく見られたいという動機も関係しており、ほとんどの場合患者は、意識的であれ無意識的にであれ、この動機に気づいているものです。そしてこれが、しばしば患者の生活史と重なってしまうようです。したがってその後に続く出来事は、分析関係における外的現実と、その現実に基づいて形成された転移とが融合してしまうものとなるでしょう。たとえば、次の例があります。

　　私の電話が長引いてしまったために、次の女性患者のセッションの開始を5分遅らせてしまいました。待たせてしまったことをわびた後、もし望まれるのならセッションの最後を5分延長しましょうかと提案したところ、彼女はそんな時間の延長はいらないとはっきり私に伝えました。なぜなら

原注2) 他の部分と同じく、「治療者（心理療法家）」と「分析家」を同じ意味で私は使っている。

その延長時間は，失われて二度と元通りにはならない**彼女の**時間そのものではないからです。また患者は，彼女を待たせた件について私が「責任逃れをすること」を許すつもりはありませんでしたし，時間さえ延長すれば，遅れたという私の行為があたかも何の問題も残さなくなるとでもいうように，私が「最後に時間の埋め合わせをしていい気分になる」ための理由を私に与えたくなかったのでした。加えて彼女は，埋め合わせのために**私の**時間を使って会うという形で，負い目を感じさせられたくもありませんでした。合意した時間に私がそこにいなかったとのことは事実として残りました。したがって私はその間彼女を見捨てたのであり，それについて腹を立てることは，彼女にとってまったく正当な権利でした。

〇コメント

　この患者の母親はしきりに自分の欠点から患者の注意をそらそうとしてきており，また母親がしてあげたのならそれに彼女が感謝するよう仕向け，思い切って母親を批判したときには，それに苦しむように圧力をかける人であるとこの患者が母親を経験していたことが，ここには深く関連していました。したがって患者が，母親に向けて抱かされていたような負い目を今回は感じずに私に対してずっと自由に抗議できると感じられたのは，この分析での大きな進歩なのでした。

　患者の人生に登場する重要人物がいつも自分の事情ばかりにとらわれて患者その人やその気持ちを無視し続けてきた，という事態はとてもよくあるものです。ですから患者は，援助しようとしている治療者もこれらの重要人物と同じである，と経験するかもしれません。**そしてこれは単なる転移に過ぎないのではありません**。治療者の「援助しようとする」働きかけのなかに，治療者自身がそういう行動を取る動機という客観的現実の一部が見えているのかもしれないのです。したがって患者は，自分のことを純粋に心配してくれているのではなく，その人自身のことだけを考えて行動している人に支配されていると感じるかもしれません。しかしこの例のように，患者がその状況について感じていることを，より直接に表現する機会になるかもしれません。

けれども，すべての患者がこの患者のように直接表すとは限りません。この例とはちがって，治療者に感謝し，「援助がなされてきた」問題が以前ほど切実ではなくなっているように見える患者もいます。しかしこの場合，問題の核心部分が適切に取り扱われたり，より深いレベルで感じていたものを患者がほんとうに解明できた，というわけでは必ずしもありません。したがって私たちは治療者が手助けしようとしたときの，患者のこのような表面上の反応をあてにはできません。

5．例外的な休みについて説明すること

ときに起こってしまうのは，治療者が患者との決まった面接時間を守れなくなってしまうことです。そして，これによってひどく落胆する患者もいます。私は普段，急な休みの理由を説明しないようにして，そこで患者が私の休みについていろいろと想像できるようにします（この想像は，しばしば患者自身の過去の体験に彩られます）。と言うのは，この対応によって転移のなかでいっそう有益な作業が進められる可能性があるからです。けれども以前に一度，（葬儀のための）急な休みを取らねばならなくなったとき，ふたりの患者だけはひどく落ち込むだろうと感じました。したがって私はこのふたりの患者に対し，**なぜ**休むかについて多少知らせるほうが助けになるだろうと感じました。病気のために1，2日休んだ以外は，私がこのような形ではまったく予定外に休んでいないという事情も背景としてありました。

残りのすべての患者に対しては，私は単に「次の水曜日，急に休まなければならなくなりました」とのみ伝え，あとは患者の空想に任せました。そしてその後私は，休むことに対してさまざまな理由で責められたのでした。すなわち「患者よりも自分の関心を優先し，こころから患者のことを考えていない」「何かもっと報われることを見つけようとしている」「分析を受けている患者に毎週5回も会う仕事を負担に感じ，週の途中で休みを取ろうとしている」などです。

しかし，その時期もっとも不安定だと思われたふたりの患者に対しては，

「参列したい葬儀がありますので，次の水曜日はお会いできないのです」と言いました。私はこのとき，できるだけあいまいな説明にとどめるように注意し，亡くなった人がどの程度私に近い人であるかの手がかりは与えませんでした。しかし私は検討してみたうえで，「葬儀」と言いました。それは，その時期休みが入るのがとりわけ大変に感じるであろうふたりの患者に，セッションを休むにはどうしようもない理由があるのだと伝えるためでした。もちろんこの説明は，患者に役に立つと思ってしたものでした。しかし結局は，どちらの患者もこう言われた説明によってひどく落胆しました。それにはいくつかの理由がありました。

　葬儀に行くと聞かされたことをふたりの患者は，休みについて不平不満を言わないようにとの圧力をかけられたと体験しました。ふたりは（それぞれの生活史に基づいて）私を守らなければならないと感じました。さもないと，私が動転し傷ついてしまうかもしれないからです。そしてふたりとも，治療の最中に私がこのようなまれな休みを取るのを怒るわけにはいかないと感じました。したがってどちらも，その日にセッションを休む理由を知らないほうが良かったのにと感じました。

　葬儀について告げたとき，最初はふたりとも私が包み隠さず伝えてくれたと感謝していました。しかし私の告白は結局，ふたりが事態を乗り切るためにはまったく役に立たなかったのでした。それどころか私は，説明されない休みという事態に直面したとき，その事態に対処するためのふたりの内的な資質の存在に対して私自身が疑いを抱いているかのように――ふたりを彼ら自身が考えていたよりもずっと不安定な患者として――扱ったのでした。休みについて怒る自由を制限されたこと，実際よりも能力の低いものとして扱われたことに対して，最終的にはどちらもが私に腹を立てました。したがって援助したいという願望は，またもや実際には逆効果となってしまったのです。

6．ともかく緊急に援助したいと思うときに生じやすいダイナミクス

　治療者と患者の双方がものすごい圧力にさらされている，などの形で治療が危機的な状況にある場合，ときとして見落とされてしまう事実があります。そこでは，治療者と患者のどちらもがそこから逃れたいと思っているのです。したがって，私たちが（治療者として）ある危機状況での緊張を和らげるための手段を提供しようとしている場合，*患者のためと同じくらい，自分自身のためにもそうしているのかもしれません*。そしてほとんどすべての場合，こころのどこかのレベルでは，患者もこの事実に気づいています。

　このような危機状況では，かなりにおいて患者の人生における早期の危機が再演されてきます。そしてこのような患者の生活史を探ってみると，子どものころ自分ひとりでは到底やっていけないと感じていた時期に，両親あるいは養育者が患者の面倒を最後まで見続けるのを何らかの形で失敗してしまったという経験をしばしばしているようです。したがってそのときその子は，自分ひとりの手におえないと思ったものはすべて，両親もしくは養育者にも対処できないものなのだと経験したかもしれません。このふたつが重なった結果，それに耐えたり処理したりする作業は**あらゆる人**の能力を超えていると今では感じるようになってしまったその経験とともにその子は，現在も取り残されてしまっているかもしれません。

　ですから治療経過のなかでこのような早期の外傷があった時期が再演される場合にとても重要なところは，以前には到底取り扱えないと感じていた事態に治療者は対処できるのだと患者が体験することです。そしてこの再体験はつまり，この早期の体験で感じたように，取り扱えないという気持ちを抱く期間を患者が治療のなかでしばしば体験してしまうということなのです。

　それでは，患者が取り扱えないと感じていた体験を，治療者も対処できないと感じさせてしまうように治療者がふるまった場合，これは患者に対してどんな無意識的な意味合いをほのめかすことになるのでしょうか？　これに関連して私はビオンの言葉を思い出します。なぜならばこのような治療者の

ふるまいは，子ども時代と同様*言いようのない激しい恐怖* nameless dread ——ビオンは「思索についての理論」において，これについて語っています——とともにまたもや取り残されてしまっている，と患者に感じさせる可能性があるのです。ビオンは次のように書いています。

　自分が死にかけていると感じたとき赤ちゃんは，母親のなかにその死にかけているという恐れを引き起こすことができる。健全な母親は，その恐れを受け取って，治療的に対応できる。すなわち，その恐れを持っていた赤ちゃんのパーソナリティ部分を再び，ただし自分が耐えられる形で受け取っていると赤ん坊に感じさせるようなやりかたで —— その恐れは赤ちゃんのパーソナリティによって取り扱えると感じさせるようなやりかたで——対応できるということである。母親がこの投影に耐えられない場合，赤ちゃんは投影同一化をより強く，より頻繁に続けることを余儀なくされる。

(Bion, 1967：114-115)

ビオンは付け加えています。

　もし母親がその投影を受け取らないのなら，赤ちゃんは「自分が死にかけている感じ」のもつ，「死にかけている」という意味が剥ぎ取られていると感じる。したがって赤ちゃんは，耐えられる形になった「死にかけているという恐れ」ではなく，言いようのない恐怖をとり入れる。

(Bion, 1967： 116[訳注4])

　治療における耐えがたい状況から抜け出すために，例外的な方法をとった治療者の態度を，転移のなかで再演されていた自分の体験のうち最悪のものをそらしてしまおうとしたのだと患者はとらえがちなようです。そしてこのようなそらしによって，その体験に含まれているものは治療者にも対処できないものなのだという自分の感覚が裏付けられた，としばしば患者は感じます。このような例外的な方法を取った結果をきちんと観察してみると，しば

訳注4)　原書は118となっているが，著者に確認のうえで訂正している。

しばそこにある二層性が見えてきます。

　表面上は，患者は真に援助されたように見えるかもしれません。危機は去り，耐えがたい緊張はおさまったと見えるかもしれません。患者は感謝し，今まで他の誰ひとりしてくれなかったやりかたで自分を援助してくれたとさえ言って，治療者を熱烈に高く評価するかもしれません。そして表面的では，その通りかもしれません。

　次にもうひとつのレベルから見るなら，患者が耐え難いだろうと思うものから分析家または治療者を守ろうとし始めたと見られるかもしれません。したがって，新しく手に入れた治療者との重要な関係を危険にさらす代わりに，患者はその新しい関係を危うく壊してしまいかねない状況を嫌悪するようになったのかもしれません。ある経験を**耐えられないものに変えてしまう**可能性があるものはすべて，しっかりと切り離されたり，他のところに置き換えられたり，抑圧に戻されたりして，治療関係——これらの防衛機制なしではやっていけないほど，耐久力が実際あるよりも弱いとみなされるようになってしまった治療関係——から離れたところに，危険を防ぐために留め置かれているのかもしれません。

7．長めの臨床例

　ひとりの患者が，5年近く前に終結した私との分析で始めていた作業を再開するために戻ってきました。その男性Tさんが分析を終結したのは30代前半のときでしたが，著しい進歩が見られ，かつTさんには終結するこころの準備ができていると私と彼の双方が感じたのでした。そのとき，**健康への逃避**が存在しているとか，分析で彼が何かを避けているとかいう感じは気づく限りまったくありませんでした。むしろ，その時点での終結は適切なものであると思われました。しかし，再び私に会いに来たいという手紙を書く直前にTさんは，「**古傷が開いてしまい，医学的手当てがもっと必要である**」という夢を見ました。Tさんはこの夢を，行われるべき作業がまだ残っているという無意識からのサインだと受け取りました。すなわち以前の分析におい

て，ひとつあるいはそれ以上の重要な問題点が十分に取り扱われなかったと理解しました。

1）病歴など

　Tさんは，広場恐怖をもつ母親の子どもで，仕事のために頻繁に旅行をしないといけないにもかかわらず旅行恐怖症があるというのが，分析を受けに来た理由のひとつでした。分析に来るまでは，自分が行けると感じる明確な限度と境界線を設定することによって――ある程度までは――この旅行という行為に対処していました。しかし，これらの限度を超えて旅行しなければならないときにはいつも著しい不安を感じました。しかし私との分析が終わるころには，ずっと自由に旅行できるようになっていました。そして，以前はひどく厄介であった旅行に関する不安は，ずっと対処しやすくなっていました。

　Tさんはふたり兄弟の長男で，4歳半のときに弟が生まれました。母親はTさんの20代に心臓発作のために亡くなりましたが，この死は彼がずっと予期していたものでした。なぜならば，自分はきっと若いうちに死ぬだろうとたびたび母親が言っていたからです。実際に母親が死亡したとき，この死に対処するのはとてつもなく困難であったとTさんは語りました。

　分析が終結した後，Tさんの妻も似たような心臓の病気を持っていると診断されましたが，彼はこの件に関してあまり不安におちいらず，また妻の治療はとても有効でした。しかし，治療に戻るきっかけとなった夢を見たとき，この夢は自分が母親の死を十分に取り扱えていなかったことを示しており，妻の病気をきっかけに，その死をはっきりと思い出したのだと彼は理解しました。

2）再開後の分析

　この分析を再開して数カ月たった頃（患者は週3回私に会っていました），私は金曜日の午後を2回休まないといけなくなりました。つまり，その日にTさんと会えないわけです。そして，この休みはTさんが分析に戻ってまも

ない時期なので，このように連続して休みをとるのを私は心配しました。そこで私は，金曜セッションの代わりの時間を見つけられるかもしれないと考えました。Tさんは少し苦労しましたが，スケジュールを調整すれば，両方の金曜日の早朝に来られるようでした。こうしてその2日間の休みは，Tさんのセッション・パターンの妨げにはならないように見えました。

しかし，変更された1回目のセッションでTさんは，来る途中「どうしようもない交通渋滞」があったために遅れた，と語りました。その渋滞は，いつもの時間に来るときには決して遭遇しないものでした。さらにTさんは，以前の分析によってよくなったと思っていた激しい旅行不安をふたたび体験したとも語りました。それにもかかわらずTさんが，時間の変更について私に腹を立てる代わりに，それに同意した自分を責めているのに私は気づきました。詰まるところ，Tさんはこう言いました。「時間を都合つけようとするよりも，単純にセッションがなくなったほうがずっとよかったと思います。」さらに，とにかく「確実で一定なままの構造」のほうが好きです，と付け加えました。今回2回の時間変更によってTさんは，「途方にくれて，不安に」感じたのでした。

〇コメント

失われたセッションを埋め合わせようとした思いやりは，結局，私の意図したほど役には立ちませんでした。さらにはこれらの変更は，*彼*のためよりもむしろ*私*のために行われたとTさんが感じるようになったとのことを，治療の進展とともに私は理解していったのでした。

そのときまでTさんは，「妻の受けた最近の診断」と「母親の心臓病と死」とのあいだの類似に考えをめぐらせていました。しかしこのときから，弟が生まれたころの記憶が次々に浮かんでくるようになりました。「お前はおじいちゃん，おばあちゃんのところへ『素敵な休暇』を過ごしに行くんだよ」という両親の言葉が思い出されました。「でも，両親は正直ではありませんでした」とTさんは言いました。両親は，ただ彼を邪魔にならないよう片付

けたかっただけで，このいわゆる「休暇」は，本当は両親自身を満足させるためのものだった，と今のＴさんは感じていました。「**私のためにしてくれたのでは，全然ないんだ！**」とも付け加えました。さらには祖父母の家に着いたとき，祖父母はＴさんが実際に感じていることにふれようとはまったくしない，ただ孫が楽しむだろうと自分たちが考える活動に，彼の注意を向けさせようとするだけの人たちにすぎないとＴさんは感じました。

　さらにＴさんは，祖父母から与えられたこれらの気晴らしをまるで楽しめなかったのも思い出しました。なぜなら（４歳半の）彼は，母親について気も狂わんばかりに心配していましたし，しかもこのときは母親がやがて入院すると知っていたからです。それからＴさんは，病院と死んでいく人たち，さらには自分が死ぬかもしれないと言って息子を不安に陥れていた母親とを関連づけました。したがって，孫の気をそらして楽しませようとする祖父母の努力は，自分の心配事を抱えてひとり取り残されてしまっているというＴさんの気持ちを強めるだけにしかなりませんでした。

　私が**自分**に都合よくするためにセッションの時間を動かしたとＴさんが経験したことが，やがて明らかになってきました。両親と同じように，私はこの変更を「彼のセッションの連続性を保つため」という**彼**の利益になるものとして提示しました。しかし結局は，この変更によってＴさんは単に別種の困難な状況に放り込まれただけでした。彼は早朝に来られるようにスケジュールを再調整しなければなりませんでしたし，ラッシュアワーのとんでもない渋滞に巻き込まれなければなりませんでした。

　○コメント

　このときＴさんと私との関係において，弟が誕生したころという外傷的な時期が再演されている，という強い印象が私にありました。それからしばらくは，まるでこの再演そのものが分析をひどく脅かすかのように感じられました。Ｔさんのこころのなかで私は，母親をとりわけ必要としていた時期に彼を追い出した両親にそっくりのレプリカになっていました。両親もまた，実は**自分たち**のためにしたにもかかわらず，**Ｔさん**のためにしているのだと

主張していました。したがって，いろいろな意味で私は，Tさんの子ども時代の外傷的な時期の再演にはまり込んでしまっていました。そして私との関係と両親との関係の大部分は，全く同じであるように見えました。

　しかしながら私との関係では，ある一点の違いがあるとのことがTさんにゆっくりと明らかになってきました。
　Tさんがとり乱した感情を抱いたとき，母親はそれに対処できない人だと彼は感じていました。彼が何かのために取り乱している気持ちを表しても，母親は対処できないことが何度もありました。しまいにTさんは，あらゆる種類のとり乱した感情，とりわけ彼自身の怒りから母親を守るようになりました。自分が本来感じているものと同程度の怒りを表現できるのは，たとえばある店で，本来なされるべき何かがうまく行われなかったときなど，まったく知らない人に対してだけでした。そのときTさんから溢れ出す怒りには，しばしばこの怒りを向けられた人だけでなく，彼自身もひどく怯えたのでした。
　さて，治療のこの時点においてTさんは，私の援助の試みが自分にとってまったく役に立たなかったのを知りました。その試みは，**私の役に立っただけでした**。なぜならこの変更は，金曜午後の2回の休みを私があまり申し訳なく感じずにすませられそうにしてくれたからです。したがって実際問題としてTさんは，——何かがなされなかったとき，店員に対して怒るように——まったく正当なこととして私に対して腹を立ててよいと感じられたのでした。けれどもTさんが私に対して感じた怒りは，両親との早期の関係，とりわけ母親との関係にも起源を持っていました。
　母親と私とのあいだでは，次の点がはっきりと違っているとTさんはやがて気づき始めました。母親はTさんが母親に対して腹を立てるのに耐えられませんでしたが，一方私は怒りを向けられる対象として実際「そこに存在して」いるのが，彼にわかってきました。そこでしばらくのあいだ私は，この怒りをまるで転移**ではない**かのように，私だけに向けられたものとして受け入れました。その後，母親が弟の出産をまぢかに控えTさんを追い出した時

期に連想が向かったとき，彼は私を，その時期における母親を象徴しているものとして使い始めました。母親に対して**ひどく動揺し腹を立てていた**と想起できましたが，Tさんはそのとき母親に何も言えませんでした。自分を追い出した母親の象徴として私を使うことによって，いまやTさんはこれらの感情を私に対してずっと直接に表現できるようになったのでした。

　私に対する怒りを効果的に取り扱った後，それに加えて，無意識のなかに長い間閉じ込められていた別の怒りにもTさんは触れ始められるようになりました。ここで私たちは，（この怒りと結びついている）あの**言いようのない激しい恐怖**——Tさんのもっとも困難な感情に対し，適切に触れていなかったようである母親のために生じたもの——を見出し始めました。

　おそらく私たちは，Tさんが夢に見た「古傷」に到達したのです。Tさんは，以前の分析では見落とされていた，この傷に対する手当てをもっと受けるために私の所に戻ってきたのであり，今やそれは治り始めたのです（この分析の前途に待ち受けているものについては，次章を参照してください）。

おわりに

　Tさんとの作業の一場面を通してここに描写したいと思ったのは，心理療法において「援助しようとする」という問題では，私たちがとてもたやすく惑わされてしまうということです。私たちはたいてい役に立とうとしますし，患者はまるでそれによって助けられたかのようにふるまって私たちに報いようとするかもしれません。しかしもうひとつのレベルでは，まったく違った事態が生じてきているのかもしれないのです。

　患者が外傷を受けてきている場合はとくに，傷を再活動させるためにその主要な部分を分析関係にかなり頻繁に持ち込んできます。外傷を受けた時期には強烈な感情がいつも存在していたでしょうし，これらの感情について援助してくれる人が誰もいなかったという事態はしばしばあったものでしょう。そして前述したとおり，早期外傷のひとつの特徴は，自分ひとりだけではうまく対処できなかったというところなのです。

長期的に見た場合臨床経験は，以前患者を落胆させた人たちとの対比で治療者が「よりよく」あろうとするやりかたによって患者をもっとも手助けできるとは限らないとのことを支持しています。今まで誰ひとり耐えることのできなかった，こころの内的世界における最悪のものが分析関係のなかでは取り扱われ**うるのだ**との発見を，外傷を受けた患者はとりわけ必要としているのです。そしてこの発見過程は本質的に，患者の人生における「最悪のもの」が，治療を受ける前には経験できなかったコンテインされることを求めて分析関係に持ち込まれ，そこでふたたび経験され再演されるという事態も意味します。

　治療者と患者がともに，このような苦痛の多い時期を本当に耐えて生き抜いていくところから，回避ではない，真の回復に向けてのターニング・ポイントが生じてくると思います。そしてその結果は，治療者が「より穏やかな流れ」に向けて治療の舵をとった場合とは，まったく異なったものになるでしょう。

第6章　再演と解決

> とりわけひどく分析に失敗しているように見えるにもかかわらず，実は私たちは成功している，ということがときどき起こります。これは臨床での驚くべき発見のひとつです。

はじめに

失敗によって成功することがときにあるとのことを最初に観察したのは，おそらくウィニコットです。そこのところを彼はこう書いています。

> 修正体験の提供のみでは決してこと足りない。患者がよくなるためには，何があれば十分なのであろうか？　最終的に患者は，分析家の失敗——しばしばとても些細なものであり，おそらく患者が巧みに仕組んで引き起こさせた失敗——を利用する。また，患者は妄想性転移要素（Little, 1958）を生み出し，私たちは限られた範囲ではあれ，誤解されることに耐えなければならない。そもそもは環境因子として生じた失敗，つまり乳幼児にとって万能的にコントロールできる領域の外側に由来する失敗が現在の転移のなかに表れ，その失敗を実際になした人物として分析家を患者が現在憎んでいるということが，ここで働いている因子である。
> したがって最終的には，私たちは失敗することによって成功するのである——患者のやり方についていけないことによって。
> 　　　　　　　　　　　　　　　　　　　　　　　（Winnicott, 1963b：344）

この章の臨床素材に進む前に，これから描写する経過のなかで私がいくつかとんでもないあやまちをおかしてしまったことを強調しておくほうがよいでしょう。それは一見，私がただ単に不注意もしくは怠慢だったかのように

見えるかもしれません。そしてそのとき，実際そうだったという可能性があるのは認めざるを得ません。しかし再開後の分析においてこの患者を落胆**させない**よう，それまでにないほど私がこころを砕いていたというのも不思議なことに事実です。それならば，なぜこのあやまちが起きたのでしょうか？

さらに同じくらい重要な疑問は，この患者との分析の全経過のなかで，なぜこの失敗がよい意味でのターニング・ポイントになったのかです[原注1]。

自分の意図に反して，ある特定の患者とのあいだで「理解を超えた」ダイナミクスに私たちが引きずり込まれてしまうときがあります。サンドラーは，この事態を次のように書いています。

> 分析家の「自由に漂う注意」に相当するものとして，分析家の「自由に漂う対応 free-floating responsiveness」と私が名づけたいものが存在する。多くの文献が醸し出すイメージとは異なり分析家は，完全に自己制御された機械などではもちろんなく，一方で体験し他方で解釈を伝えているだけに過ぎない。何よりも分析家は話し，患者にあいさつし，事務的なことがらについて取りまとめ，冗談を言うかもしれないし，ある程度は古典的な精神分析の規範を外れて対応するかもしれない。分析家自身の思考や感情のなかだけではなく，患者に対する目に見える反応のなかにも，言い換えれば，分析家の感情だけではなく，態度やふるまいにも，分析家の「役割対応」と名づけられるものが「役に立つ」逆転移の重要な要素として表れてくるというのが私の主張である。
>
> (Sandler, 1976：45)

さて第5章で描写した症例を続けますが，ここでは患者が，分析における経験のうちいまだに彼と私の目を逃れていた部分を注意深く調べていきます。

[原注1] エナクトメント（実演）は分析にとって必要であるという Renik の意見（Renik, 1993）に私は賛成しない。たとえそれが分析において避けられないものだとしても，である。分析家によるエナクトメントは，分析にひどく破壊的に働く可能性があり，だからこそできる限り避けられるべきであろう。したがってここで考えるべき問題は実質上，患者がどのようにエナクトメントをとらえるか，そしてそれがどのように使用されるかということになる。この点について Chused は以下のように記載している。「分析関係において患者がエナクトメントをどのように理解するかは，患者の心的現実，すなわち彼が分析家の行動をどのように知覚し理解するかによって決定され，分析家がエナクトメントをどのように理解するかによっては決定されない。」(Chused, 1997：268)

1. 症　例

1）以前の分析より

　Ｔさんとの最初の分析の経過において，幼い子ども時代について私は多くを知りました。とくに彼の人生における中核的な外傷は，母方祖母が**彼の生まれたその日**に死去したという事実にまつわるものでした。すなわち，生と死が同時に生じたゆえに，Ｔさんの母親がこのふたつの経験の狭間にとらわれてしまい（Lewis and Casement, 1986を参照），そのどちらも適切に取り扱えなかったということです。このようなこころの状態であったため，母親は自分の母親に対する喪の作業を行うことも，息子の誕生を祝うこともできなかったようでした。したがってＴさんは，抑うつ的で不安の強い母親に育てられたのでした。Ｔさんに対して情緒的な意味で真に**存在している**ことも，求めに応じて対応できる状態でいることも，母親にはおそらく難しかったに違いありません。

　4歳半のとき，弟の誕生のために祖父母のところへ追い出されただけでなく，その直後に小学校[訳注1]へ追いやられたため，Ｔさんは二重に動転しました。こんな早い時期に学校へ行くようになったのは，（不安が強くて広場恐怖を抱えた）母親がいまや新しい赤ちゃんに手一杯でふたりの子どもの面倒はとても一日中は見れない，と父親が判断したためのようでした。

　子どものころＴさんは，母親をとても虚弱な人だとみるようになっていました。ほとんど旅行ができないだけでなく，自宅でさえたびたびひどい不安に怯えていました。そしてとりわけ，息子が動転している姿から来る心労にはほとんど耐えられないようでした。実際のところＴさんは，それ以上母親を動転させないために，どんなにわずかな不安の兆候も見逃さないようとてもこまかに母親を観察するようになりました。さらに，ほんの2軒先に住む

訳注1）原文は infant school。英国の小学校 primary school には，5歳〜7歳までの infant school と，7歳〜11歳までの junior school がある。したがってＴさんは例外的に，4歳半で infant school に入学することになったのだと思われる。

ある人の母親が自殺したとき，母親に関する不安はよりいっそう強烈になりました。彼は，つらすぎて生きていられないと感じたこの隣人についての何か噂を耳にしたのでした。そこで，もし自分の動転した感情やトラブルから母親をきちんと守れないのなら，彼女もつらすぎて生きていられないと感じるのではないかと，彼の不安はさらに大きくなりました。

母親が動転したならいつであろうと，それをなだめるのは**自分の責任**だとＴさんは感じるようになりました。そしてごく幼い頃から，母親が自分の部屋に閉じこもって泣いているときにその相手ができそうなのは，家族のなかでＴさんだけでした。母親を慰めて元気づけるため，ドアをノックし部屋のなかに入れてくれるように頼んだものでした。多くの点においてＴさんは実質上，母親の小さな母親に（あるいは「小さな治療者」にさえ）なっていたのです。

初等教育を受けるべき年齢になったとき，父親はＴさんをすぐ近くの学校には行かせない決心をしました。おそらく父親は，学校を嫌だと感じたときに，息子がただちに家に帰ってきてしまうのではないかと考えたのでしょう。それに加えて，毎日昼食をとるために帰宅できることも関係していたのかも知れません。なぜなら，それは母親にとっての負担が大きくなりすぎるからです。それとも家のすぐ近くにとどまるのは息子のために良くないと父親が考えたのかもしれません。と言うのは，遠くまで通わせることによって彼が「母親のお気に入りでなくなるかも」知れず，その結果父親は心配の種をひとつ減らせるからです。

その学校への登下校は，Ｔさんにとって大変な試練でした。下校するときバスに乗るには，ときどき空席のあるバスを１時間以上も待たなければなりませんでしたし，**途中で**バスを上手に乗り換えなければなりませんでした。Ｔさんの記憶では，とくに帰宅時間が遅れてしまった場合には，家に着いたとき母親はどうなっているのだろうと帰る途中ずっと心配していました。そして，この下校中に不安になればなるほど，母親を動転させないため，家に着いたときにこの不安を母親にはまったくわからないようにしなければならないと強く感じました。要するにＴさんは，自分自身を「母親として世話」

しなければなりませんでした。さらにTさんは、自宅に近づくといつも行っていたある儀式を思い出しました。その儀式は、母親に会う前に自分のなかから積極的に不安を取り去ろうとするものでした。不安を完全に取り去れないのは分かっていましたが、自分が動転したという目に見える証拠を家に着く前にすべて隠してしまおうと自分自身に働きかけていたことをTさんは今も覚えています。

初めて私に会いに来たとき、Tさんはすでに旅行に関してひどく困難な問題を抱えていました。そして表面的には、それは広場恐怖を持った母親との同一化であるように見えました。しかしこの問題には、より彼自身に特異な別の要因が関与しているとわかってきました。例えばTさんが旅先で急にトイレに行きたくなった場合、どこのトイレへ行けばいいかをはっきりつかんでいるのなら、安心して旅行に出かけられるようだと気づきました。

分析の始まりのころTさんは、旅行できる範囲の境界線を押し広げようと努力し、それによって前には不可能に思えた旅行もしだいにできるようになりました。けれども、ただちにトイレに行けない場所にいるときに「急に便意を催す」のではないかというひどい不安には悩まされ続けました。しかしながら、動転させる可能性のあるすべてのものから「こころの中の母親を守ら」なければならないかのように、扱い難い感情をすべて取り除く必要があるといまだにTさんが感じているという事実が手がかりになりました。私たちはしだいに、この**転換症状**の意味を理解できるようになったのです。すなわち、不安になればなるほどTさんはこの不安を取り除かなければならないと強く感じ、排便によってその不安を象徴的に除去していたのです。

その後私たちは、別の著書で以前に報告した重要な時期を迎えました[原注2]。その時期Tさんは、自分の感じていることに関して私をさらに信頼でき、私にゆだねられるようになりました。これらの感情はもはや危険ではなく、大便の形でトイレに取り除かれる必要もありませんでした。そうする代わりに、

原注2) これは『さらに患者から学ぶ』(Casement, 1990)（第10章, 例10.4）および合本『Learning from the Patient』(Casement, 1991: Chapter 20, example 20.4) に収められている。しかし、この章のテーマのためにその一部をここで再び使用している。

母親には決して見せられないと感じていた自分の動揺した感情を，私との分析場面に持って来て直接表現できるようになりました。やがてＴさんの症状は消失し始めました。

Ｔさんはその後，以前には到底できそうに思えなかった旅行ができるようになり，旅の途中でトイレがあるかどうかを調べる必要もなくなりました。自分の感情についても，それは伝えたり他人が取り扱ったりできるものであると体験し始めました。そして，「自分自身の母親」になろうと努力する必要はもうありませんでした。それに加えて，こころの中の母親を守る必要もありませんでしたし，転移においても，母親としての私を守る必要も感じませんでした。

分析では自分の目標が達成できたし，それは望んでいた以上のものであったとＴさんはしだいに感じるようになりました。したがって始まってから約４年半の経過で，ずっとよくなって彼は分析を去りました。

けれどもあとから考えると，母親がしてくれたよりも彼の情緒的ニードにもっと上手に気持ちを添わせる私を見つけたことが，Ｔさんが分析から得たおもな利益だったと私たちは考えるようになっていました。しかし，Ｔさんが分析に戻るきっかけになった夢が示したとおり，これでは足りていませんでした。

２）再開後の分析

この後に続く分析で何が起きたか，もう少しくわしく書きたいと思います。第５章で述べた通り，**古傷が開いてしまい，手当てがもっと必要だと気づく夢**を見た後，Ｔさんは分析に戻りたいと希望してきました。Ｔさんの治療は，水曜日，木曜日，金曜日の週３回でした。

この再開後の分析でＴさんは，母親に向けては表現できなかった感情を，私にはよりいっそう直接に表現できるようになってきました（第５章参照）。以前の分析では，私たちはそこまで到達していませんでした。けれども，まださらに先があったのでした。

3）臨床場面でのこまかなことがら

　セッションの開始時間よりも早めに私のところにやってきた患者は待合室を使いますが，そこにはいくつか椅子を置いています。ほとんどの患者は，部屋の奥のほうに座ります。これはつまり，私が迎えに行くとき患者にあいさつするために少し歩かなければならないということになります[訳注2]。しかしＴさんは，いつもドアのほうを向いた椅子に座っていました。たいてい（Ｔさんを含む）患者は，ドアをほとんど閉めています。したがって私は，待合室に今度はどの患者を迎えに行くのかに気をつけておく必要があります。なぜならば，それによってドアの開け方が変わってくるからです。具体的には，ドアに向かった椅子を使う（Ｔさんのような）患者の場合は，ドアを開けた後私は外側に立ち止まっていますが，奥の方に座った患者の場合には，部屋のなかへさっさと歩み入ります。

　その後面接室に入るときには，患者が先で私が後に続き，私が二重になっているドアをそれぞれきちんと閉めます。普通患者は，私がカウチ[訳注3]の頭側にある椅子に向かって歩いているあいだに，ドアのほうを向いているカウチに上り始めます。

　カウチの枕の部分に，私がティッシュペーパーを敷いておくよう望む患者もいます。Ｔさんのように，ティッシュペーパーを**敷かないで**枕を使う方に慣れている患者もいます[原注3]。したがってここでも，カウチを適切に準備するために，次はどの患者なのかということを私はこころに留めておく必要が

訳注2）　どのような形で患者を迎えに行くかは分析家によって違うが，参考のために患者と分析家とのやりとりの一例を書いておく。待合室のドアを開けた分析家は，患者を見つけてにっこりと笑いながら「Hello」とのみ挨拶する。患者は「Hello」と挨拶を返した後立ち上がり，待合室を出て面接室に入っていき，カウチに向かう。分析家は，待合室と面接室のドアを閉めながら，その後について行き，自分の椅子に向かう。ドアは防音のために，二重になっていることも多い。

訳注3）　英国における精神分析または精神分析的心理療法において，couch と言った場合，フロイトが使用したようなカウチ，または日本における外来診察室のベッドに似たもののいずれかを指す。ただし本来英語の couch に後者の意味はなく，一種の業界用語である。ここでいうベッドとは，200cm×80cm 程度の大きさで，頭の部分に柔らかくて大きな枕が置いてあり，その上からベッド全体をカバーで覆ってあるものである。西洋の風習から靴を履いたまま上がることが多いので，足の部分にはもう一枚カバーが掛けてある。寝椅子，ベッドのどちらを使うかは治療者それぞれによって違うが，後者を使う人が多いようである。

あります。

4）別の患者を迎えに行ったこと

　ある水曜日に私は，Ｔさんのセッションの前に来るはずの女性患者を待っていましたが，彼女は来ませんでした。そしてＴさんがセッションのために到着しましたが，そのとき私はまだこころのなかで，**Ｔさんではなく来るはずだったその患者**を待っていました。したがって待合室に向かったときには彼女を迎えるつもりになっていましたので，普段するように私は部屋のなかにさっさと歩いて入りました。思いがけず，そこにはいつものようにＴさんがドアに向かって座っており，私は彼にぐんと近づいてしまいました。部屋に入るときに私が「出だしを誤った」ことにＴさんは明らかに気づきました。それから面接室に彼が入ったとき，私が別の人を待っていたことがいっそう明らかになりました。カウチの枕が，（Ｔさんと違って）上にティッシュペーパーを敷くようにしていた前の患者用に準備していたままになっていたからです。

　私はこのあやまちにものすごいショックを受けました。というのは，数週間前にもまったく同じあやまちをしていたからです。そこで，ティッシュペーパーを取り除きながら私は（不安そうに笑って）「**また，やってしまいました**」と言いました。同じあやまちをするのがすでに２回目だったからです。Ｔさんも笑い，その日のセッションでは，ふたりともそのあやまちを二度と話題にしませんでした。

　その日のセッションのあいだ，Ｔさんがこれらのあやまちについて間接的に言及してはいないか，注意深く彼の話を聞いていました。けれどもそのような言及はなさそうで，少なくとも私は気づきませんでした。しかし，もう

原注3）　枕の上にティッシュペーパーを敷くかどうかをそれぞれの患者に選ばせるようになった背景には，私自身がかつて受けた心理療法およびそれに続く精神分析の経験がある。私の心理療法家も分析家も，枕の上にティッシュペーパーを敷かなかったし，私自身も長年そうしなかった。しかしそのうちに二，三の患者がティッシュペーパーを敷くように求め出し，そこで私は，それぞれの患者が慣れている，もしくは希望するやりかたで対応するようになった。それぞれの患者について対応をきちんと一定にするよう努めていたが，このとき私はそれに失敗することになる。

ひとつ問題がありました。ティッシュペーパーを早く取り除こうとあせったため，面接室の内側のドア（カウチから見て向こう側に開くようになっています）が，閉めたつもりであったのに，知らないうちに再び開いてしまっていたのです。そして私がこのことに気づいたのは，後になってからでした。

　ドアのことに気づいたとき，私はある期待を抱いていました。すなわち，次にどの患者が来るかという点について繰り返された私の混乱についてＴさんが言及するならそのときに，きちんと閉められていない内側のドアについても話せるだろう，と。（私のおかしたこれらのあやまちという問題を扱った後ドアを閉めるために立ち上がったほうが，前もってそうするより侵襲的ではないだろうと私は考えていました。）しかしながらＴさんは，一見ドアのことには気づいていないようでした。したがって彼は，このことが私ほどには気にならないのかもしれないと私は考えました。それに，外側のドアはまちがいなく閉まっていました。あとから考えれば，ドアについても「台無しに」してしまったきまり悪さを私は隠したいと思っていたと気づけたのですが。このときには全体として私は，まれに見るほど動転してしまっており，エナクトメント（実演）してしまっていたのですが，そのときにはそれが理解できませんでした。

　翌日のセッションの冒頭でＴさんは，昨日のセッションを終わるとき頭痛があり，それが一日中続いていたと語りました。実際のところ，今日も頭痛が少し残っていました。その後Ｔさんは，日中に起こった何かが頭痛と関係しているかもしれないと語り，続いて妻の受診をいくらかくわしく語りました。彼女は心臓の検査のために病院に行ったのでした。けれども夜になって家に帰ったとき，「何らかの理由で」その件を妻に尋ねるのをＴさんはすっかり忘れていました。この出来事を思い出すや否や，彼はたまらない気持ちになりました。そして自分がこの件を忘れていたのは，頭痛と一緒にほとんど一日中抱いていた妻の検査についての不安のせいかもしれないと考えました。

　このとき私は言いました。「たしかに昨日，Ｔさんを動揺させた何かが起きたようですね。」（Ｔさんが――できるものなら――自分で昨日のセッショ

ンとのつながりを見つけられるようにと考え，できる限り開かれた形のコメントを選びました)。

そこでTさんは，次の夢を語りました。**Tさんはセッションにやって来ますが，カウチが部屋の別の場所に動かされていました。状況は，前と変わっていました。**

この夢について考えているうちに，Tさんの連想は弟が生まれたころにさかのぼっていきました。母親はTさんに，弟が生まれても「何も変わらないわよ」と言っていました。けれども実際には，状況はすっかり変わってしまいました。なんでも自分でやりなさいと放置されてしまった一方で，母親はもっぱら新しい赤ちゃんだけに目を向けているとTさんは感じました。

ここで私はこの連想と，始まる前に私が誰かほかの人を気にかけていた昨日のセッションには関連が認められそうですと指摘しました。Tさんはこの発言を理解して同意し，それに続けて昨日のセッションでは，他にもうまくいっていなかったことがあったと指摘しました。さらに，私はそのことに気づいていないだろうし，もし気づいて**いた**としたならば，それは驚くべきことだ，なぜならセッションの終わりに自分は，そのことについて「名ばかりのわずかな抗議」をしたに過ぎなかったからだ，と言いました。昨日Tさんは面接室を出ようとして，内側のドアがきちんと閉まっていないのを見つけました。いつもならTさんは部屋を出るとき，**内側のドアを閉めて外側のドアを少し開けておきます**。しかし昨日は，内側のドアを(彼が見つけた通り)少し開いたままにし，**外側の**ドアを閉めました。このやりかたについてTさんは，内側のドアがセッションの間中開いたままになっていたことに対して，それをまったく同じ状態——きちんと閉まっていないという状態——で残しておくという，彼流の抗議であったのだと説明しました。

まるで私がその件についてはっきりと直面させられることに耐えられない母親であるかのように，このコミュニケーションが間接的におこなわれているところを私は取り上げました。Tさんは同意し，それから5歳のときに作った絵本のことを再び私に語りました。彼はその本を，わざと母親ではなく隣に住む小さな女の子にあげたのでした。まるで，その女の子を母親よりも好

きだとでも言うように。

　それからＴさんは他にもふたつ，母親に向けての「演じられたコミュニケーション」の例を思い出しました。母親はこれらのコミュニケーションを理解しないか，理解してもそれについて話そうとしないかのいずれかでした。ひとつの例は（これも５歳のとき）彼が母親の宝石をひとつ隠し，それがなくなっているのに母親が気づくというものでした。母親は，宝石をなくしたためにか，それを探し出せないために動転し，最終的に彼がどこに隠したかを教えるまでその状態は続きました。この行為を通して息子が，自分はどこか不幸であると感じているのを伝えようとしているのだと母親は分かっていたに違いないとＴさんは感じましたが，**母親はこの行為に含まれていたコミュニケーションを決して取り上げませんでした。**

　その前の週にも話し合っていましたが，Ｔさんの気づいた例がもうひとつありました。それは，仲良くしようとひとりの子だけを順番に誘って，その後その子との関係を絶ってしまうという「ひとりの子とだけ友だちになる」という繰り返された行為についてです。Ｔさんは驚くほど多くの子ども達に対して，特別な友だちになろうと誘いました。しかしいつも最後には，Ｔさんが飽き飽きして関係を絶ち，誘われた子がひどく傷ついてしまうという結果に終わっていました。ここでも母親は，この繰り返されるパターンにおいて何が演じられているのかに気がつかないようでした。つまり，毎回**自分は特別だと感じさせられている子がひとりだけいますが，その子はその後関係を絶たれてはじき出される**というものです。これはまさに自分と母親との状況そのものでした，とＴさんは指摘しました。

　これに続く分析の作業で，私たちは印象深い類似を見出しました。Ｔさんの思い出したパターンが，私との関係で再演されていたのです。私は，Ｔさんとは直接関係のない自分自身の関心事のため大切な時期に私のこころと彼との関係を絶って，つまり自分のこころの中から彼のことを消してしまっていたのです。そして私はこの行為を，すでに２回もしていました。Ｔさんのことを忘れて面接室を別の人のために準備したという私のおこないには，何か無意識からのコミュニケーションが含まれていたにちがいありません（少

なくとも，私自身のパーソナルな逆転移は存在していたはずです）が，これが（数週間前に）初めて起きたとき，そのことは片隅に押しやられていました。この行為が繰り返された結果，この出来事について私がじっくり考え，さらにはそれがＴさんにとって何を象徴しているかをいっしょに検討することが，より差し迫った課題となりました。そして，母親にまつわる問題としてしばしばＴさんが**語っていたこと**を私が**再演**してしまうようになっていたとのことが明らかになりました。

　この週の最後のセッションでＴさんは，開いていたドアの話題に再び戻りました。内側のドアは開いたままだったのに私は気づいていなかったのだろうと，水曜日のセッションが終わった時点で彼は思っていました。ティッシュペーパーを取り除こうと私が急いでカウチに向かったためドアが開いたままになってしまったのだろうし，もし私がその事実に気づいていたのなら，きっとドアを閉めに行っただろうとも思いました。また彼自身も部屋を去るときまで，ドアの問題には気づいていませんでした。したがってＴさんは，もし（水曜日のセッションで）彼がドアのその状態に気づいて，その事態に私が気づいていないと指摘しまっていたなら，私だけでなく彼にとってもきまり悪いことになっていただろうと考えていました。しかしそこで私は，ドアが部分的に開いているのに気づいていたと告白しました。**それなら，どうして私はその事態に何もしなかったのでしょう？**　この告白によって私は，いっそう母親に似た存在，とくにＴさんが繰り返し話してくれた状況（上述）における，意味を見つけようとしない母親に似た存在になったようです。Ｔさんは，母親が自分に対してしてきたと感じていたことを，その「ひとりの子」たちに対して行動化していました。何と言っても母親は，誰か他の人──弟──のために（それまでは彼女にとって「たったひとりの子」だった）Ｔさんとの関係を絶ったのです。そして今や，私も同じことをしたのです。

　したがってＴさんの頭痛も，彼が当初考えていたものとはまったく違う性質のものなのでした。Ｔさんが妻の検査を気にしており，帰宅直後その検査結果を尋ねるのを忘れてしまっていたと自分を責めていたのも本当ですが，別の面も確かにありました。その別の面とは，弟が生まれたときにＴさんを

十分こころに留めておかなかった母親を思い出させる存在としての私に対して，Ｔさんがこの発達早期に由来する怒りを向けていたに違いないとのことです。**Ｔさんを十分こころに留めておかないことによって，私は母親とまったく同じことをしていたのです。**

　セッションで起きていた事態を詳しく見ていくうちに，そのとき私が抱いていたきまり悪さをＴさんが感じ取っていたのだとわかってきました。そして再び母親のように私は，それによって生じたＴさんの動転をきまり悪そうな笑いでそらしていました。したがって，子どもの動転した感情が扱えないという問題点を，やはりとても微妙なやりかたで伝えた母親に私がそっくりであるとＴさんはもちろん経験したのでしょう。さらにＴさんは，母親を守ることも学んでいました。したがって，その水曜日にセッションがどのように始まったかについて言及しないというやりかたで，Ｔさんは私を守っていたのでした。そして，私のあやまちについて何も言わないというやりかたでＴさんが私のあやまちに言及していたのに，私は気づきませんでした。

　これらのセッションでは，とくに弟が生まれたころのＴさんと母親とのあいだでの中核的な問題と著しく類似した問題が，とても多く起こっていたのでした。そして，再演がこれほど完全だったのには驚かされてしまいます。けれどもこのような完全な再演は，私たちが自分で（あるいは他の人に対して）認めたいと感じるよりも，ずっと頻繁に起きていると私は考えています。さらにこのようなとき，患者の過去の体験と分析家とのあいだに無意識の共鳴が起こるのでしょう。この共鳴によってエナクトメント（実演）が生じるのだと，それを正当化すべきではないと思いますが，その結果分析関係のなかに，患者が過去に経験した問題の主要な側面が表れてくるのも事実でしょう。これによって患者は，「単なる」転移として片付けられるわけにはいかない状況にいるのであり，そこではできるだけ怒ってよい権利を患者が獲得できるのでしょう。この章の始めに引用した文章でウィニコットは，まさにこの点について書いているのだと私は思います。

　この分析においてはこれまでのところ，Ｔさんが母親と持った体験の中核となる面を私がどのような形で繰り返したのか，そこでそれによって母親へ

の感情を，私との関係において彼がどれだけ直接経験できるようになったのかを見られたのでした。しかしまだ欠けていたのは，私のしたこれらのエナクトメントをＴさんがどう感じたかを本当に遠慮なく，私に直接表現するということでした。

当然ながら私は，最近数週間のあいだに起きた出来事を一生懸命考えていました。なにより，このパターンのあやまちをすでに繰り返してしまっていたからです。けれども，何とも説明しがたく，どうにも言い訳のできるものではありませんが，このあやまち**さらにもう一度**起ったのでした。

数週間後の木曜日，Ｔさんを待っているあいだに浮かんだある考えに私はまたもや気をとられていました。それから突然，カウチの枕の上にティッシュペーパーを敷いてなかったと気づきました。そこで（木曜日に）Ｔさんの**後**にやってくる患者のためにいつもするように，私はティッシュペーパーを定位置に敷きました。しかしその時間に来る患者は，またもや彼女ではありませんでした。それは，Ｔさんでした！

セッションの始まる時間になったとき，私は（前にもしたように）またこのもうひとりの患者[原注4]を迎えに行くつもりで，待合室へ向かいました。再び，といってもこれで三度目ですが，このもうひとりの患者に対してするように，私はさっさと待合室に歩み入りました。けれどもそこにはＴさんが，ドアに向かった椅子にいつものように座っているだけなのでした。Ｔさんが気づいたのを私はただちに見てとり，思わず言ってしまいました：「うわぁ！**またまた**，やってしまいました。」

私がまちがって待合室に歩いて入ってきただけなのだと思いながら，Ｔさんはいつものように面接室に入って行きました。しかし再び，枕の上にはティッシュペーパーが敷いてあったのです！　まったく深刻な危機となりました。このあやまちのためにＴさんとの分析作業が中断してしまう，なみなみならない危機にあると私は強く感じました。私に対する信頼は，もはや決して回

原注4）このもうひとりの患者は３回いずれも同じ人物で，ちょうどその頃セッションを休むようになっていた。Ｔさんを落胆させないよう心がけていたにもかかわらず，この患者の休みを心配していたため，Ｔさんに対する私の注意はそらされていた。

復しないようでした。したがって木曜日の長いセッションを通して，彼が私に激しく怒り続けたのはごく当然なのでした。そして，これが転移であるという解釈を（私が）試みる余地はまったくありませんでした。ほかでもない**私に対して**Ｔさんは怒っているのであり，ゆえに私は，そのすべてを自分に向けられたものとして受けとめなければなりませんでした。**どうして，まったく同じあやまちを三度も繰り返してしまったのでしょう？**　なにゆえこんな事態が起きてしまったのかの説明をＴさんが強く求めていたのと同様に，私もこの問いを自分自身に強く問いかけていました。またしても同じあやまちをしてしまったとは信じがたいことでした。そしてこれはまったく許しがたいと，私は本当に感じました。

　このセッションにおいて，今回は前２回と較べて大いに異なっている点が私たちのあいだで理解されました。１回目ではＴさんが，あたかもそれが些細なあやまちであるかのように無視しました。２回目には私がみずからを嘲り，それによってＴさんも笑うよう仕向けるやりかたでそのあやまちを軽くいなしました。けれども今回は，そのあやまちのごく一部でさえ，まったく無視されませんでした。

　しかしながら今回の新しい出来事は，来なかった患者（水曜日にＴさんの前に来るはずの患者）を私が待っていたのではないということでした。その日の木曜日には，Ｔさんの**後**に来るはずの患者を待っており，私はこの事情をセッションのなかでＴさんに話しました。

　このちょっとした新しいことがらが，Ｔさんの弟——彼より後に来た兄弟——についてのとても強烈な連想を呼び起こしました。そしてそのとき，Ｔさんはティッシュペーパーを「タオル towel」と呼んだのでした。この点を指摘したところ，この場の状況が実に不思議なほど子ども時代の事実関係に似ているとＴさんは言いました。なぜなら母親は弟のために，古いタイプのざらざらした布オムツではなく，枕にかかっているティッシュペーパーのようなすべすべした布オムツ（towel nappy）を使っていたからです[訳注4]。ティッシュペーパーをタオルと呼んだことの生活史との関連はいくらか明らかになりました。しかしながらセッションの焦点は，私がこのようなあやまちをど

うして3回もしてしまったか，まったく信じられないというところにありました。

　次の日（金曜日），Ｔさんは来ませんでした。この欠席は前日に起きた三度目のあやまちゆえにちがいないと考え，私はひどく落ち着かない時間を過ごしました。電話で理由を伝えたりせずにセッションを完全に休むといった行為は，Ｔさんにはこれまで一度もありませんでした。その金曜日Ｔさんは，セッションを休んだだけでなく，いつもならしてくる電話もかけてきませんでした。したがって私はその日の50分間ずっと，Ｔさんの休みと私が作ってしまったひどい原因について考えていました。もう二度とＴさんに会えないかもしれないとも感じました。そして，そうなったとしても自分を責めるしかありませんでした。

　その日次のセッションを私が始めた後，ひどい渋滞につかまってしまったため家に戻ることにしたというメッセージを，私の留守番電話にＴさんは残しました（彼は遠くから通ってきていました）。そしてやっと次の週の水曜日になって初めて，そのときの事情を話しました。あのときセッションには来られたのでしたが，交通渋滞による遅刻のためセッション時間が短くなりそうだったので，途中の早いうちに彼は家に戻ろうと決心したのでした。同時に，次の患者のセッションが確実に始まっている時間まではわざと電話しないでおこうとも決心しました。明らかにＴさんは，私と話したくなかったのです。

　私たちのあいだに起こった問題を丸く治めるためになること，もしくは私への怒りを和らげるためになることは決してしたくないとＴさんは固く決心していました。そして，来なかったのは彼の**選択**であったと私が認識するよう，はっきりと求めていましたし，週末のあいだ私がこの事態について考え

訳注4）　現在，英国におけるオムツ（nappy）は，使い捨てのものが主流であるが，以前は布製のものが多かった。しかし同じ布オムツでも，古いタイプのざらざらしたものと，新しいタイプのすべすべしたもの（towel nappy）とがあった。ここでは，この違いについて書いている。また，カウチにかけられたカバーの表面は，ざらざらしていることが多い。したがって，ティッシュペーパーを敷かない枕の感触はざらざらしており，敷いた場合はすべすべしている，という事実も，ここでの連想に関係していると思われる。

続けることも求めていたのです。さらには，Ｔさんに電話を入れるいかなる口実も私に与えたくなかったのでした。もし何もメッセージを残さなかったなら，彼が大丈夫かどうかを確認するために電話を入れ，彼の週末に私が侵入していたでしょうから。

したがってとてもはっきりと私に理解させたとおり，**自分のセッションを休み，さらには遅い時間に電話をかけるやりかたで，Ｔさんはそのセッションをひとつの目的のために意図的に利用したのです。**彼は，自分の怒りを余すところなく私に感じさせたかったのでした。さらに，金曜日から次の水曜日のセッションまでのあいだずっと，私が自分だけでその怒りに対処せざるをえないようにもなって欲しかったのでした。そして彼はそれを確かに成し遂げました。

この一連のあやまちを三度目におかしたために，休むという形で金曜日のセッションを使ったことを含め，Ｔさんの私に対する怒りが最大限に表現されました。この怒りは，母親など自分にとって重要な関係にある人に向けては表現しきれなかった種類の怒りでした。実際のところ以前は，このような怒り──ひどく殺意にあふれているように感じられるため，相手にとって**命にかかわる**と（彼には）感じられてしまう強烈な怒り──は，自分から遠い関係の人だけに向けられていたものでした。なぜならそれは，自分が本気で母親に対して怒ったら母親は死んでしまうかもしれないという不安を抱いていたからでした。

この「激烈な怒り」の衝撃を私が感じていたことを，Ｔさんはまちがいなく知っていました。けれども彼にとってなにより重要だったのは，怒りを受け止めるために私があえて「そこにいた」とのことでした。今回私は，その怒りをまったく無視しませんでしたし，Ｔさんもそうでした。彼の怒りは，余すところなくそこにありました。だが，私がその怒りに耐えうるだろうという確信も彼は持ち始めていました。それでセッションを休んだ後の週末には，Ｔさんには不安はまったくありませんでした。以前の母親との関係では，母親が生き残っているのだと確かめておかねばならないといつも感じていました。すなわち息子である彼が動転しているという事実や母親である自分に

対して怒っているようだとの思いから，母親自身が動転しているという事態が起きていないかとたえず心配していたのでした。しかし私との関係では，Tさんがそれまで，さらには現在でも，怒っている感情をそのまま私に向けていてもまったく大丈夫だと感じていました。私はその怒りを引き受けられるだろうし，自分は週末のあいだその件には何の心配も必要ないという静かな自信も彼は抱いていました。

　この後しばらくして，ある小手術を受けるため私はセッションを2回キャンセルしなければならなくなりました。合併症のため2～3週間入院が延びるかもしれなかったので，私は休む理由をTさんに伝えました。興味深く，さらには重要な意義が認められたのですが，セッションが再開されるまでのあいだ，この時期を彼はまったく安心して過ごせたのでした。もし何か問題が起きたら知らせてくれるだろうと分かっていたため，何の知らせもなかったのは問題が何もなかったに違いないと考え，次のセッションまで私が元気かどうかに不安を感じず待てたのだ，とのちになってTさんは語りました。この出来事は，私にひどく怒った後しばらくして起こりましたが，Tさんにとってはまったく新しい経験でした。どうやら彼の怒りはそれまで長いあいだ信じていたような有害なものではなく，ましてや死をもたらすものでもないと，考えられるようになったという新しい自信から，この経験が生まれてきたようでした。

2．考　察

　両親などの養育者による早期の失敗という中核的な体験を，分析家のおかしたよく似た失敗の利用によって，分析過程の一部として患者が再び繰り返すその有り様を，この章では実例を通して示してみようと思いました。

　分析場面において発見されるこの類似性が，どの程度偶然のものなのか，あるいはどの程度無意識によって決定されているものなのかという点については，決して知りえないでしょう［(Winnicott, 1958：第23章[訳注5]と1965b：

訳注5)　原書は22章を，著者に確認の上23章に訂正している。

第23章）を参照］。けれども分析家を相手として，過去に由来する中核的な経験を再体験できるような転移の機会をまったく不気味なほどにうまく患者は見つけ出してしまうのです。同時にそこには，これらの早期の経験を以前とは違ったふうに扱い，うまくやり通していくための手助けを分析のなかで見つけられるのではないかという**無意識の希望**[原注5]も存在していると私は考えています。

　私はTさんとの治療において，とても重要なところで失敗しました。そして再演を繰り返してその失敗を続け，結果として彼の私との関係は大きく変化してしまいました。このようなひどい失敗は正当化できるものではありませんし，これほど長い期間，このような失敗を繰り返してしまったという事実に，私自身もいまだに驚いています。しかし同時にある患者たちとの治療では，彼らの生活史によってはっきりと「決定されて」いるかのようなしかたで私たちが失敗してしまうとは，ウィニコットも描写していますが，なんと不思議なことでしょう。それはまるでTさんのセッションの時間になると私自身がいつもとは違う意識状態になってしまい，あの究極の場面まで導かれてしまったかのようでした。そして究極の場面に至って初めて，私たちが必要な場所，とくに「癒されていない傷」のある場所に到達したとTさんは感じ始めました。そもそもこの「癒されていない傷」が必要としている治療をもっと受けるために，Tさんは分析を再開する決心をしていたのです。

　とくに最初の治療では，分析関係においてTさんは私に「よりよい母親」を見ていたようでした。すなわち私は，母親がしてきただろうよりもうまく苦悩に触れてくれると彼は感じていました。しかし分析を再開するために戻ってきたとき，最初の分析をちょうどその時点——4年半——で終えたのは偶然ではなかったのかもしれないと指摘したのは，Tさんでした。最初の分析では，たしかにかなりの進歩がみられました。けれども弟が生まれる前に，母親と一緒にいた期間とほとんど正確に同じ期間だけ私との分析を続けたとの事実にTさんが気づいたのは，後になってからでした。私が「おそらくあ

原注5）　無意識の希望というこの概念は，別のところでかなり詳しく議論している（Casement, 1990；第7章： 1991；第17章）。

なたは，うまくいっているあいだに終わろうとしたのでしょうね」と言うと，彼は強くうなずきました。

　以前の分析とほぼ同じ期間（再び4年半）分析から離れた後，Tさんは進歩が維持されていないと気づき始めました。症状のいくつかが再発しました。その後Tさんは，もっと処置が必要な夢を見て，それをきっかけに治療を再開できるかどうかを尋ねる手紙を私によこしたのでした。

　第5章で述べたとおり，私に手紙を書いたときには，母親の死をめぐっていっそうの分析作業が必要かもしれないとTさんは考えていました。なぜなら，妻の病気によって母親の死をまったく直接に思い出したからです。しかし私との分析を再開するやいなや，十分に取り扱われていなかった外傷は弟の誕生にまつわる出来事ともっとつながっているとすぐにわかってきました。その後彼は，その外傷を思い出し，再体験し始めました。

　それからTさんはこの章で描写したとおり，もっとも激しい怒りを**直接**私に表せるようになりました。こうして彼の怒りは，いまや完全に正当なものとなっていました。これは読者には不思議に思えるかもしれませんが，Tさんはこの成行きによって実際に安心しました。この安心は，今まで私たちが一緒に行ってきた分析作業のなかでは得られなかった種類のものでした。

　この患者が再開後の分析を終了したとするなら，それは繰り返しもうひとりの患者のほうを考えてしまうほど彼に対してひどく無頓着な分析家から，自分を守るためかもしれないと考える読者もいるかもしれません。実際私自身も，その可能性をじっくり考えてみる必要がありました。しかし再開後の分析の残り期間においてTさんは，前回の分析で十分に行き着けなかった地点に到達したと確信していったのでした。

　もっと手当てが必要な傷は，ここにありました。いつもTさんが危険で命にかかわるとさえ感じていた怒りも，ここにありました。さらには私を両親，とくに母親「よりもよい」存在であると経験していたときとは違って，この怒りを私から遠いところに隔離しておく必要はもはやありませんでした。Tさんが苦悩から解放されたのは，母親とのあいだで経験した中核的な**失敗**を象徴するために私を使うことによってでした。今や彼は，自分の怒りや動転

した感情の激しさには，誰も耐えられないのだという生涯にわたる確信から身を離せるようになりました。

　そうした怒りや動転した感情を引き受けるために私が「そこにいる」ことをＴさんは必要とし，私は転移解釈によって自分自身を守らないようにしておく必要がありました。それによってはじめて私たちはこの経過を通してＴさんが経験した，転移のなかで私を使用しているという事態にも注意を向けられるようになりました。したがって，ウィニコットが自らの臨床経験を通して気づいたように，自分の患者に対して失敗すること——患者にとって，人生最大の困難を経験することになった失敗とまったく同じやりかたで失敗すること——によって，私も成功したのでした。その後，私がそこにいること，さらにはこの失敗に反応して生じ，最大限に表された強烈な感情や転移を私が進んで経験していこうとしつづけることを通して，このときの私の失敗は建設的に使用できるものになりました。つまり**修正情動体験**（Alexander et al., 1946）という考えに基づいたあらゆる試みを越えたものが存在するのは，ほかでもないこの部分においてなのです。

　繰り返しになってしまいますが，早期の外傷によるもっとも深刻な影響を取り扱うのは，「よりよい親」になることによってできるのではありません。しばしば外傷に関連しており，ほかの人には耐えられそうにない，もっとも困難な感情を引き受けるために治療者がそこに存在していることによって，患者は最終的に，よりよくそして癒さ*れる*体験ができるのです。

　次の章では，このテーマについて再び考えていきます。

第7章 患者の手を抱くべきか，それとも抱かざるべきか：さらなる考察

> のちになってもっとも治療的であったと判明することとは，私たちの想像力や工夫を越えたはるか彼方にありがちなのです。
>
> 患者との身体接触は，それがたとえ形だけのものに過ぎないとしても，禁欲という古典規則のもとに，疑問を感じることなく必ず排除されるべきなのでしょうか。それとも，マーガレット・リトルが妄想性転移というエピソードとの関連で示唆しているように，もしくはバリントやウィニコットが深い退行の時期との関連で述べているように，身体接触が好ましい，いやむしろ必要でさえある機会があるのでしょうか。
>
> （Casement, 1982：279）

　私が論文「早期心的外傷の復活のときに身体接触を求めるという分析家への重圧」を執筆してから20年になります。この論文はヘルシンキでの国際精神分析学会で最初に発表し，次いで国際精神分析評論誌に掲載されました（Casement, 1982）[原注1]。

　この論文は多くの討論の対象となっています。とても熱く討論されています。とくに本書で検討されている論点を描き出すために，ここでこの討論を振り返ってみてもよいように思われます。この継続中の討論は，精神分析過程において，とりわけ外傷を受けた患者たちとの分析作業での中核的な問題に触れているという点でより広く妥当なものです。

　この論文に関する未掲載討論のなかには，私に直接向けられた，あるいは

[原注1]　この論文は私の1985年の著書（『患者から学ぶ』のこと；原文に少し手が加えられている；訳者追加）第7章，1991年の著書第7章としても出版された。Kohon 1986：282-94にも再掲載されていた。

私に報告されてきたもので，私が取り上げたセッションのなかでの私の患者（既婚女性Bさん）の対処についての大変重大な批評があります。たとえば，私はBさんに残酷であったと思われています。また患者のニーズに対して融通がきかない，（分析：訳者追加）規則にかたくなである，鈍感であると私を見る人たちもいます。さらに患者の明白なヒントについていけてないように見られてもいます。そのほかにも，いろいろ言われています。しかしながら討論者みなが，私のそのケースの取り扱いに反感を抱いているわけでもありませんでした[原注2]。

ここに当該論文の概要を述べてみましょう。しかしこの章を読み続ける前に，原著を読んでおきたい読者もおられるでしょう。原著は本書に付録論文として再掲載しています。

この章の多くは『触れることの問題：回想的概説』（Casement, 2000）からの抜粋です。

1．背　景

このケースをよく知らない方たちのために，いささか詳しく述べてみましょう。臨床提示されたこの女性患者は，生後11カ月のときにひどい火傷を負いました。17カ月には周囲の肌から瘢痕組織を取り除く手術を（局所麻酔で）受けました。この処置のあいだ，彼女の母親は気を失ってしまうまでは，彼女の手を抱いていました。母親の不在を無視して手術を続けた外科医とともに，ひとり取り残されたというこの経験の再体験として，患者は，もし不安が耐え難くなったなら，私の手を抱くのは許されるのでしょうかと尋ねて（もっと後では要求して）きました。私がこの求めに同意できないなら，彼女は分析を終わらねばならないだろうと感じていました。この要求を再考しつつ慎重に熟慮したうえで，この求めに応じるのは，母親が気を失った後に母親の手が離れてしまったというオリジナルな外傷の中核的な局面を，共謀

原注2）　他の討論に関しては，Aron, 1992；Boesky, 1998；Fox, 1984；Hoffer, 1991；Katz, 1998；Meissner, 1996と1998；Roughton, 1993を参照

して回避することになってしまうと結論づけました。ただ私は，患者の私への無意識のコミュニケーションにぴったりとついていった結果として，手を抱いてよいとの私の申し出を引っ込める必要性に結局気づくことになりました。次を読んでください。

　身体接触を伴わない，分析的に抱くことの修復[原注3]，そして分析のこの時期の妄想性転移らしいものの最終的な解消は，オリジナル論文でくわしく吟味されています。患者の分析を続けようとする心準備への接触を回復していくのに有効であったと最終的に証明された解釈は，患者への私の逆転移反応や，このとき感じていた私への投影同一化の圧力[原注4]であろうものにぴったりとついていくことから立ち現れました。

　そう思い込んでいた人もいたようですが，手を差し出す申し出を引っ込めるという私の決意は，いずれにしても禁欲規則に基づいてなされたものではありませんでした。それは，患者の私への表面的なコミュニケーション・レベルよりももっと深いレベルで，患者についていくことに基づいていました。私の臨床的な記述はすべて，患者についていくことの重要性を伝える試みです。だからこそＢさんの分析を通して，私がこころを砕いたのは，理論や技法の特殊なポイントに従っていこうとすることよりも，彼女のあらゆるコミュニケーションについていく（**真に**，ついていく）ことでした。また私たちに求められていることの明白にわかるレベルを越えたところで患者のコミュニケーションについていくときには，私たちは自分がパーソナルに選んだ場合よりも遙かに居心地の悪い立場に行きついてしまったりするものです。

「精神分析研究誌」などでの討論の多くは，私がなぜそのようにふるまったかについてのさまざまな仮説に基づいていたり，さらなる討論を進めるに足る内容をもたらす別の臨床素材が，欠如している点に左右されているように

　原注3）　患者は，正しく理解されたと感じるとき，分析において最も安全に抱えられていると感じると言われている。
　原注4）　**投影同一化**（Klein,1946）の過程についてのひとつの理解は，ある感情や苦悩の激しさに耐えられない人が，他者のなかにそのような感情をかきたてる相互交流的な圧力への反応として，別の人物にこの感情のいくらかを経験させるというものである。この相互交流的なコミュニケーションの無意識の目的は，ひとりで取り扱えないものを除去することや，この耐えられないものについての他者からの援助を求めることのように思われる。

思われます。私はオリジナル論文で成し遂げたつもりより以上に，この治療作業のすべてが成し遂げられたその前後関係(コンテクスト)を明らかにしたいと思います。

2．討論中の臨床経過へのさらなる考察

この長い分析でのはじめの2年間の主要な問題のひとつは，Bさんが依存しつづけているときに深刻な外傷があったというところでした。それゆえに「自分で自分を抱える self-holding」という防衛を発達させていました。そのときから彼女は，ふたたび他人に——少なくとも深いレベルで——依存することから自分を守ろうとしてきました。

それゆえBさんの分析の最初の2年間の特徴のひとつに，頻繁に彼女が私をコントロールしようとしていたという事態がありました。初め私はそのコントロールを許していました。しかしながら後になって，彼女はこのほとんど全体的なコントロールを緩め始めました。ときには，私は解釈作業の過程で譲歩しませんでした。私を止めようとする彼女の合図を私が受け入れなかったあのときのようにです（付録論文p.180を参照）。徐々にこのようなときを経て，Bさんは，私が彼女のコントロールにすっかりつかまっているのではない私自身のこころをもった，ひとりのより分離した存在であるとのことを認めはじめました。

もっと後で起こってくることへの準備として，すっかりコントロールされてもいなければ，溶けあってもしまわない，彼女自身と私のあいだのこの緩やかな分化のしかたを私たちは見出さねばならなかったと思います。ウィニコットは論文「対象の使用」（Winnicott, 1971b）で，この課題を論じています。患者が分析家を「使用」できるようになっていく必然的な段階では，実際には対象に属するものであり，患者によって（空想上に）「与えられた」だけのものではない，**生き残る能力**を分析家が持っていることが見出されます。

患者によっては，この発見だけで十分に抱きかかえられている経験となりうる人もいます。そのときの抱えることはまさに，もはや患者自身が自分を

抱えることの延長としてではなく,「他者」に由来するものとなるのです。この点が,討論中のセッションの重要な背景に置かれているものなのでした。いま取り上げているセッションのプロセスで,Bさんが私に合図を送ったときに私が解釈をやめなかったことが,私の存在が「配慮がないままであり続けた外科医」とあまりにもよく似ていると体験されたのでした。これがまさしくウィニコットが論じた点です。すなわちある重要なときに,私たちは「〔患者の〕過去の生活史によって決定づけられたやりかたで」(Winnicott, 1965b：258-9)患者を(抱き)落としてしまっていたことに(前章ですでに描いてきたように)気づくでしょう。

　この分析のはじまりから存在し,この最近に徐々に前面に出てくることになった背景にある別の問題は,どんな人も彼女の感情,すなわち困っている思い,怒り,憤り,絶望の最大のインパクトに生き残れないというBさんの信念でした。この予期される他者の気絶,つまり彼女の分析家としての私の崩壊に対する彼女の性格防衛の一部として,Bさんは生活史での外傷的な過去を**詳細に話すこと**にかなり固執し続けました。こうして長いあいだ彼女は,一聴衆としての私以外の**私にかかわること**を避け,私への情緒的な要求および関係にまつわる要求を制限していました。

　(「精神分析研究誌」への)ある寄稿者は,Bさんは私が彼女の手を抱いたとしても,外傷体験に「ついて語ること」ができただろうし,その環境の下でその問題についてもっとよく語ることができただろうと主張しました(Fosshage, 2000：36)。しかしこの件に関する大きなステップは,分析ではすでに進み始めていました。そこではBさんは,明らかに彼女の困苦に生き残れ**なかった**過去の人物に属した感情を抱えて,私に直接にかかわり始めていました。彼女はもはや自分に起こった出来事に「ついて語っている」のではありませんでした。分析のこのときには,彼女の物語を聴くためにそこにいる私というよりも彼女にかかわるひとりの人間としての私に,たしかにより直接にかかわり始めていました。しかしながらこの事態が,現実に彼女の困苦の重さに私が気絶するかもしれないという彼女の最大の恐怖の領域に彼女を連れて行きました。これは,ただの恐怖というものだけではありま

せんでした。それは私が気絶するだろうという**確信**でした。

さて，私たちは討論中のセッションにたどりつきました。

ある金曜日，私のはじめの逆転移は，患者を失うかもしれないという恐怖にもっぱら支配されていました。しかし，彼女がもし耐え難くなるなら私の手を抱くこともありうるというこの提案されていた対処にとくに居心地が悪いわけでもありませんでした。私以前にバリントやウィニコットのように，古典的立場に挑む勇気を持った分析家がいました。それなら私がやってもよいのではないでしょうか？　そう確かに，この特殊な環境下でこの患者に私の手を抱かせよう，もしくは手を抱ける**見込み**を持たせようとの私の決心に誰も真剣に異議を唱えることはできないでしょう。**もし必要ならば**──そのような重大なときに母親の手がするりと抜け落ちてしまったという母親とこの患者の生活史があって──彼女が私の手を抱けるとの申し出を彼女の意のままにしていたとしても，私のこの判断に誰が異議を唱えられたでしょうか。さらに，いかなる場合にも私の臨床的な立場は，規則に盲目的に従うありかたへの抗議者であり続けてきました。

ブレッケンリッジ（2000：7-8）は，Bさんが私の手を抱けるという見込みでさえも私のパーソナルな限界を超えていたと述べ，触れることの問題はその個人独自の限界の範囲内で考えられるべきことが不可欠であると見ています。事実，私の限界は，その方法無しにこの展開をやり抜く勇気を見出すために，その月曜日まで**引き延ばされる**必要がありました。私にとってより安全なコースは，その金曜日に彼女の願いを受けようと申し出ていた筋道でした。けれども患者を落胆させないようにしたいのならば，このやりかたをはるかに越えた方法を私は見出さねばなりませんでした。

私の手を抱くことができるという私のほとんど自己満足的な受容を揺さぶり始めたものは，それはあまりにも難しいとすでに感じられ始めていたのかもしれませんが，日曜日の朝に起こった出来事でした。Bさんは，前日の晩に見た夢の内容を自分で届けて来ました。その夢では，絶望している子どもが，「たどりつけるとの期待に気持ちを高ぶらせながら，ある静止している人物に向かって這っていました」（参照付録，p.182）。

このコミュニケーションで私がとくに不安になったのはふたつの点です。ひとつは，私が「静止している」と表わされた点です。これによって私は，私をコントロールしておこうとする患者の防衛的なニーズに留められていた，この分析の長い期間を思い出しました。いまやこの点をひとつの警告のように感じました。それはＢさんが私を，彼女から分離したひとりの人間としての分析家の機能がほとんど認められない立場にこっそり戻してしまうかもしれないという警告でした。
　Ｂさんはそのような防衛的な立場に戻りたかったのだろうと思います。また恐らく私にもそうあるほうが気楽だったのです。それは，月曜日のセッションを待つよりも，日曜日にこの夢を私に持って来なければならなかった彼女の感情という事実がなかったのならですが。この夢を私に話すのを彼女が待てなかったことで，*私が安心させられる必要がある*と彼女はすっかり確信しているのだと私は気づきました（そしてこれは月曜日のセッションで確認されました）。こころのなかではやっていけると感じているのを**ただちに**伝えて週末の私を彼女が救わなければ，金曜日に預けられた不安の重さに生き残れないかのように私は見えていました。
　このことは多くの警鐘を私に鳴らしていました。Ｂさんの信念の範疇では，まちがいなく彼女は私には重荷過ぎていました。しかし私に重荷過ぎるものとは*何*なのでしょう？　彼女に私の手を抱かせることは，*私*には問題ではないようでした。しかし彼女は，なぜ私が手を抱かせると認めたのかをすでに不思議に思っているようでした。さらには，手を抱ける見込みをまだ置いておくほうが*私にとっての*安全コースだと，（無意識に）直感しているようでした。そうしていたのなら私は，不安や憤りの対象として彼女のためにそこにもっと全体として存在するよりも，彼女の語りをただ聴くだけの立場に戻るようにしてしまっていたでしょう。
　Ｂさんが手を抱くことに私が同意したのは，現実には私に勇気が足りなかったからでした。私はこの事態を，私の禁欲での失敗としてではなく，患者の素材の漂い——彼女の最大の恐怖をいつも伝えていた無意識のコミュニケーションのすべて——に留まっておく勇気が足りなかった失敗であると思いま

した。彼女の最大の恐怖は，想起することの恐れ（彼女はずっと覚えていました）ではなく，母親もしくは「他者」にあまりにも負担になりすぎるという恐怖でした。

　この象徴に近い性質の接触としてでさえも，患者と身体的に触れ合うのを私が恐れていると考える討論者たちもいました。ブレッケンリッジは，患者は私が恐れているのをわかっていたと信じています。しかしながら患者が私に感じた真の恐怖は，私の手を彼女が抱くという考えにおいてではなく，もし手を差し出す申し出を*引っ込めた*なら，そのときに私が直面しなくてはならないだろう事態にありました。そして，それは証明されたのでした。

　ブレッケンリッジ（2000：8-9）は続けています：「……その週末には〔ケースメントは〕自分は恐れていないと強く思い込んだようです。」これには異議があります。（分析が進んだ筋道に描き出されていたような）分析の前途に横たわっていることを私自身がもっとひどく恐れていると私は確かに知っていました。そしてその恐怖――*私自身*の恐怖――に打ち勝てるだけの勇気を見出せるのは，患者のお陰であるとわかっていました。

　私は，分析の境界に対する特異な例外に同意することで，すぐそこに近づいているもっと困難な何かを迂回する道をどうやら捜しているようだと無意識に感じていました。もし私が手を抱くことを再考しなかったのなら，私たちはまだそれを避け続けていたでしょう。しかしそのとき，Ｂさんが手を抱けるという見込みを引っ込めるという考えは，それがすでに金曜日のセッションの圧力に彼女の手助けなしには私が生き残れないと彼女が見ていることに示されていたにもかかわらず，私に耐えられないもののようでした。

　患者からの無意識の助言を含めて患者のコミュニケーションについていき続けることの重要性を私は唱えてきたのでしたが，ここでＢさんが私が独自で考えていける以上の何かへと，とくに私の手を抱ける見込みを引っ込めなければならないことに私を導いているように思えました。それゆえ私は，緊急のコンサルテーションを探しました。私は，すでにＢさんとの私の仕事をよく知っていた故ポーラ・ハイマン先生に電話をかけました。先生は早速その日曜日に私に会いましょうと受け入れて下さいました。

ハイマン先生は，患者にとって経験上最悪に思われたこと，すなわち取り扱えないものと思われている患者の感情の強烈さを私が回避しようとしているとの私の感覚を確認させてくれました。そしてＢさんの手術中，彼女とともに居続けられなかった母親との関連で，彼女の強烈な感情は「他者」の手に負えないものであるという見解をＢさんが形成したことはすでに明白でした。Ｂさんが手を抱ける見込みを私がまだ許していたならば，彼女が転移のなかでそのときを再体験するあいだ，彼女の手をずっと抱いている「よりよい母親」として私自身を提示することによって，私は彼女の苦悩のインパクトに耐えられない，あるいは耐える気を持たないものと彼女に経験されてしまうのはほぼ確実だったでしょう。これはそもそも，気絶した彼女の母親に向けられたものでしたが，明らかにインパクトに耐えられない**との理由から**でした。ですから，私があたかも彼女の苦悩の激しさを避ける必要があるかのようにふるまい続けたならば，この態度はまちがいなく彼女の深い確信をさらに裏づけてしまったでしょう――すなわち誰も，彼女の困苦に，さらにはひどく激しい感情に触れ続けることに耐えられないだろうとの確信です。ハイマン先生は，それゆえ私がここで回避したのが，患者の同様の回避をほぼ確実に助長させるだろう，そしてそれが，他者へのあらゆる強い依存を回避し続けるように推し進めてしまうだろうという意見でした。

　私は，ハイマン先生が言われた内容はわかったのですが，単にコンサルタントが確かにそうすべきであると言ったとの理由だけで，私の申し出を引っ込めましょうとはできそうもないと感じながらコンサルテーションを終えました。実際に私はハイマン先生に，ふたたび耐えがたい状況になったとしても，Ｂさんが私の手を抱けるという同意を私が引っ込められそうな**方法がまったくわからない**と言いました。しかしながらハイマン先生は答えてくれました：「もちろんあなたは，患者とあなたの作業以外からこの考えを採用してはいけません。**私が**そう言ったからといって，あなたがそのとおりにすることはできません。患者があなたを導くでしょう。**彼女があなたにその方法を示すでしょう**」。

　私はいつもそうしたアプローチを信じていたので，この返事にいささか満

足しました。しかしこのときには私は，患者が何か別の方向に導き始めてくれると信じたがっていました。けれども私がぞっと感じたことに，まさに次のセッションでBさんは，彼女の手の届く，しかし**その時に気絶しているもの**として私を見始めていたのでした。これが手を抱くことが意図されたとおりに役立つものではないという，患者からの最初の無意識的なヒントではありませんでした。その週末と週末が過ぎた最初のセッションでBさんは，**どんな人も彼女のひどく激しい感情のインパクトに生き残れない**というずっと抱いてきた信念の確証としてすでに私と会っていました。私は，この事実に気づかねばなりませんでした。すなわち私が「患者から学ぶ」として尊重しているその中核は，私たちが一番知りたくないことからさえも学ぶ心準備があるということです。そしてこのことがまさしく，私がその瞬間に患者からもっとも聴きたくなかったものでした。

　このときの私の逆転移はどうだったのでしょうか？　この逆転移について私自身探求した内容をオリジナル論文（1982）にもっと含めればよかったと悔いています。というのもそうしていたなら，その後の討論に現れた誤解のいくつかは回避できただろうからです。

　その金曜日に，私はその出来事が起こる以前の時期にBさんの周りで起こっただろうことを，（それには時期尚早だったのですが）探究しようと試みました。私は，この患者の幼児期の最悪の外傷は，その出来事[原注5]を再体験するなかで彼女はすでに切り抜けてしまっていると信じたかったのでした。そしてまだやって来ていないもっと悪い何か，つまり私にとってももっと悪いものがありうるとは考えないようにしていました。このときにはそれゆえ私は，防衛的に過去に逃避している人物でした。逆転移は，前方に横たわる何かを拾い上げていました。いまではその患者を，そして私自身をありそうなすべてのことから防衛的にそらしていたのだと私は知っています。私の無意識的な策略は，実際その経験の最悪なこと（彼女が抱かれないこととそのことへの彼女の反応）をセッションの外側に外したままにしておこうとして

[原注5]　この出来事は『患者から学ぶ』（1985）の第5章，『さらに患者から学ぶ』（1991）第5章でこれまでに詳細に叙述している。

いました。そこで患者からの助言という援助もあって，もはや彼女にとってより重大な問題点を見ないわけにはいかなくなりました。すなわち，彼女の分析家は「気絶している」と体験されていたのでした。

　Bさんが，母親からまったく新しい事実を聞いたのは，この分析ももっとずっと後になってからのことでした：彼女を（その火傷の後で）連れて行ける唯一の病院は，そのようなひどい火傷の患者を手当てするには好ましくないところであるとその頃知られていました。家庭医は赤ん坊がその病院に連れて行かれるなら，死んでしまうと考えていました。さらには赤ん坊を別の病院へ連れて行けない理由があったのでした。その結果，母親が自宅で赤ん坊のBさんを看護できることが，彼女が生き残れる最大のチャンスだったのでした。しかし，それは「隔離看護」を意味していました。つまり消毒した手袋をしているとき以外は，彼女は**抱かれたり触れられたりされず**，最低限必要な食事と清潔のみが提供されるだけでした。彼女がなにをしたとしても，母親はけっして赤ん坊を抱き上げてはいけませんでしたが，このために彼女はひどく泣き叫びました。というのも，もし母親が彼女を抱き上げたとしたら，そのことで赤ん坊は感染から死に至るかもしれず，その当時には有効な抗生物質治療は存在していませんでした。なんと似ているのでしょう！

　だから私たちは，母親が手当てをしているあいだ，いろいろと苦しんできたにちがいない苦悶を想像しうるのです。母親は苦しんでいる赤ん坊を自分で抱きかかえたい，「気持ちがよくなるように」との思いで抱きしめたいという自然な衝動を禁じなければならなかったのでした。

　不思議にも，患者の苦悩のためにそこにいるという逆転移において私は同様の苦悶を経験していきました。患者がその経験をやり通す援助に，私の手についての安心を，少なくとも得られるようにしたいと私は強く望んでいました。

　そのとき彼女の手を抱かないことで私がしていたことは，このケースの取扱いに異議を唱えた討論者たちと同じように，Bさんにも（意識的には）理解されませんでした。そしてまた，その恐怖のときを私にやり通させた要点（実際に気持ちが安らいでき始めるまでには，かなり何カ月もかかったので

すが）は，私が患者の無意識のコミュニケーションに気づき始めたことでした。これらの気づきを通してこそ私は，自分の選択に含まれた意味を見るように，さらには分析のこの時点で私に求められていたことを見るようにうながされたのでした。

　Bさんとの私自身のこれまでの作業から，私は，誰も，まさに**誰も**，彼女の憤怒，困苦，絶望を前にして生き残ることはできないだろうと彼女が無意識に確信していると実感するようになっていました。これらの感情**すべて**が，母親が気絶してしまうという事態を引き起こしたようでした。そしてBさんの警告は，私もまた気絶してしまうという彼女の考えに結びついていました。

　彼女の感情の激しさに私が生き残るという問題は，それゆえことの中核として現れました。私は，最初はそのいくらかだけを見ていましたが，幸いなことにBさんとともにこの問題をそらすのでなく，やり遂げる勇気を見出さなければならないと気づくにたるだけ見ておくことができました。

　述べてきましたように恐れず困難と闘うための勇気を，さらには私が臆病から行動化したとBさんが確信し，それゆえに私に憤るあいだの長い数カ月をBさんのために「そこに」いるためのまったく新たな勇気を，私は必要としていました。私がやり通す術を見出せたのは，それぞれのセッションを通し患者についていくことによってだけでした。これは（分析の）規則によって，あるいは規則だけではとても切り抜けられるものではありませんでした。

　規則に基づいただけの私の決心であったのなら，（私の手についての申し出をひっこめることという）決心は守り通せませんでした。同様に，いかに尊敬していたとしても，単にコンサルタントのアドバイスに従ったというだけであったとしたなら，やはり守り通せませんでした。現在の展開と，全体としての分析のより幅広い文脈の双方においての患者自身のコミュニケーションにこそ，私がやってきたように，ふるまうようとてもはっきりと私はうながされてきたのでした。そして表面的なコミュニケーションよりも，もっと意義深いレベルで私はそううながされていたのでした。

まちがってしまっているのではないかと思うときがこのあいだ何度もあったのですが，私は自分が実際したように患者についていったことは後悔してい

ません。私はまちがっているかもしれないとたびたび**思い込みたくなりました**。そう思い込んだとしたなら，結局患者が意識的に私がそうするようにとても望んでいたように，患者からの圧力に降伏してしまったでしょう。

　患者もまた，私が彼女の助言についていこうとの決心を変えなかったことを残念だとは思っていません。これまで示唆してきたように，私に同意するよう彼女を「説得する」という問題ではありませんでした。Bさんは分析のまさに終わりというときに，分析でのもっとも中核的で彼女にももっとも決定的なときとして，とりわけこの一連の展開を選びました。最終的にこの展開が，*彼女の生命を救ってくれた母親を再発見する*チャンスを与えたのでした。不思議にも，私が彼女を抱か**なかった**ことをとおして再発見されたのでした。

　そのときまでBさんはいつも，母親を一番必要としていたときに，とくにあの事故が起こり，その後外科医といたときに，母親がそこにいないという，彼女にとって冷酷な母親を思っていました。母親は，もっと後になってやっと発見されたのですが，いないように見えたにもかかわらず，（あの早い時期においては）*隔離看護*という形で，実際「そこに」いるにはいたのでした。注目すべきことですが，手術のときに母親の手を失ったことは，Bさんにとってはなおさら外傷的だったのでした。なぜならば，（彼女にも私にも知られざることでしたが）隔離看護の期間中，母親の手が不在であることがこの出来事によってまさしく繰り返されたからでした。しかし，当時私たちは隔離看護という事実を知らなかったのです。

　彼女の手を抱かずに火傷から赤ん坊を快復させた母親の献身について私が知ったときにまつわる，とても特殊な「パラレル・プロセス」があったと言えそうです。このプロセスは，分析におけるこの期間，私自身がBさんを抱かなかったことに不思議にそっくりそのまま反復されていました。また母親は，ひとりでこの事態を扱いきれませんでした。母親には，母親がその状況下でしたいと欲するとても自然な行為をせずに自分の赤ん坊を看病するということがどれほど重要であるかを教えてくれる医師が背後に控えていました。そして同様に私も，患者の無意識のコミュニケーションについていくことか

らそれないように私を助けてくれる医師（訳注：ポーラ・ハイマンのこと）が控えていなければ，その抱くことをしないで分析のこの期間を乗り越えるだけの勇気は見出せませんでした。それが，実際に私が最後までついていかねばならなかったことでした。決して禁欲規則にただ従うというのではありませんでした。

　こうしたわけでこれが，患者から学ぶということで私が意味していることです。古典的な分析家が従うことにした規則にそのまま従うということではありませんでした。患者についていくこと，そして患者が無意識に私に進むようにうながすところへあえて進むとのことを意味していました。私の苦闘は「いかに規則に忠実であるか」にではなく，「いかに患者に誠実であり続けるか」ということにありました。

第8章　侵襲と空間：技法上の問題

> 見知らぬ地域を旅するとき，ランドマーク（陸標）や見慣れた星を手がかりにして，人は自分の位置を見出します。

精神分析技法を考えてみるとき，侵襲[原注1]と空間はコインの裏表であると思います。侵襲から保護されるためには，空間が必要です。しかしながら他方，分析空間と分析過程は侵襲によってたやすく乱されてしまいます。

ウィニコットは侵襲のインパクトと，侵襲が乳幼児の発達に影響していくそのありさまをとても鋭くこまやかに受け止めていました。

> 「人間の早期発達においては，ほどよく働く（つまりほどよい能動的な適応をなす）環境がパーソナルな成長を生じさせる。もし環境がほどよく働かなければ，そのとき個体は侵襲に対する反応だけに打ち込むしかなくなり，自己のプロセスは中断してしまう。
> 　このことから存在の基本的な原理が定式化できる。つまり本当の自己から生じるものは，その性質いかんにかかわらず，たとえどんなに攻撃的であっても，リアルであると（後には，よいものと）感じられる。環境の侵襲に対しての反応として個体のなかに生じるものは，たとえどんなに官能的な満足を得られても，リアルでないもの，不毛なもの（後には悪いもの）として感じられる」
>
> 　　　　　　　　　　　　　　　　　　　　　　（Winnicott, 1955：25）

ウィニコットは，乳幼児との関連でこの原理を認識しましたが，それはまた，精神分析技法にとても深い含蓄を含んでいます。

ウィニコットは，乳幼児が出生直後からでさえも，母親などの養育者から

[原注1]　Winnicottは乳幼児に関連づけて，侵襲 impingement を「存在することの連続性を妨害するもの」と定義した（Winnicott 1956）。

差し出されたものに反抗できることの重要性について強調しました。差し出されたものがどんなものであろうと，拒絶する自由，「いや」と言う自由がなければ，まったくコントロールできない作法やタイミングに対してどうにもできず，乳幼児は傷つきやすいままなのです。たとえ患者が乳幼児とまったく同じふうには無力でないとしても，分析体験も分析家からの侵襲に深く影響されます。

分析家のなかには，自分は分析をコントロールするために存在していると思っている人たちがいるようです。しかしコンテインするためにそこにいる分析家，その意味でコントロールされるためにそこにいる分析家と，分析過程を支配している分析家には重大な違いがあります。誰が主導権を握っているかが，セッションの始まり（セッションがどのように始まるか[原注2]）だけでなく，ひとつのセッションにおいてもその瞬間瞬間にもたらされるものをかなり左右します。

侵襲に注意を向けておくなら，それによって技法上の問題での有益な指針が見つけられそうです。たとえば，私たちが患者に話す話しかた，患者の取扱いかた，さらには分析の発展に大きな影響をおよぼしていそうなやりかたで患者に侵襲しているかもしれないことに注意しておくよう手助けしてくれます。

第1章で言及したように，患者がいまのセッションに持ち込んできていることに分析家がどれだけきっちりととどまり，それを尊重するかによって，分析はまったく異なる方向へと発展していくでしょう。分析家が以前のセッションから何か（それは当面の事態と深く関係しているように見えるのかもしれませんが）を持ち込んでくるとするなら，その何かが患者がこれまで話してきている内容にどれだけ密接に関連しているかが，それからの展開に大きく影響するでしょう。分析家はある関連に気づいているのでしょう。しかし，患者がこの関連に気づいていないなら，（患者によってというよりもむ

原注2) 患者がセッションを始めるのは言葉によってだけではない。それゆえ分析の儀式であるかのように，患者が最初に話し出すまでいつも待つべきであるとは私は考えていない。そのかわり最初の沈黙を，ともかくも認識されうるコミュニケーションと見なして，その沈黙の性質に応答することはときに妥当である。

しろ）分析家によって持ち込まれている新しいものが，患者のものでない，分析家の分析の進行予定に属しているのだと経験されがちです。こうして分析家によって持ち込まれたものがセッションを乗っ取ってしまい，患者によってもっと明瞭に決定されていたときに進んだであろう方向の道筋からはずれさせてしまいます。セッションのあいだに主導権が患者から分析家に移り変わってしまう事態も起こってきます。もし患者があまりにもたびたびこの流れに沿っていってしまうなら，患者が追従してしまう，分析家に服従する関係になってしまいます。

　追従は，ウィニコットがしばしば指摘しているように，偽りの自己の発達をうながします。反対に精神分析は，患者にとっての真実でほんとうのものに関心を抱いていると一般に考えられています。けれども患者はときどき，分析において分析家に支配され，コントロールされている自分に気がつくのです。

　それだけに侵襲に対する分析家の感受性は，分析技法を吟味するための有用な試金石を与えてくれます。患者にほんとうについていっていますか，それとも患者を引っぱっていますか？　患者のコミュニケーションに真に応じようとしていますか，それとも理論を基に患者の無意識について宣告していますか？　必要なときに自分の考えを新しく方向づけ直すよう援助してくれる患者の無意識の助言やヒントについていっていますか。それともこれらを無視したり，わからなくしていませんか？　患者からもっと聞いてみようと待つあいだ，正直に知らないという思いに十分長くとどまっていますか。それとも私たち自身の先入観[訳注1)]にぴったりくるような患者から聞いたことや，理論から予測されそうなことに合う患者から聞いたことの断片だけを選択しがちではありませんか？　解釈の試みは，理解したいとの心配りに動機づけられていると患者に感じられていますか？　それとも解釈は，批判や不平，コントロールしている者を見せつけようとする行為などとして経験されているのでしょうか？　また患者が，分析家をこのように経験していると伝えて

　訳注1）　precpnception は前概念とも訳出できる。

きたときには，これは私たちが患者に実際どのように話しかけてきたのかということへの反応であろうと受け取る心準備はありますか？　そのとき自分の技法を修正しようと試みますか，それとも相互交流的に共に創り出したもの[原注3]と考えられるものとしてよりも，むしろ患者の病理によって生じてきたものであると見続けますか？

　分析家たちは，患者を数え切れないくらいの方法で侵襲していそうです。分析過程へのこの局面がとてもよく見落とされがちであるのは，むしろ驚きです。ここに分析的な努力の本質について重要な問いが提起されます。あるタイプの分析家とともにいることをわかっていながら，もっと自分らしくなり始める自由を発見していると感じている患者たちがいます。一方，分析家とともにいて，分析家が見るとおりに物事を見るようにとのプレッシャーを経験しているようで，分析家の権威に圧倒されていると感じている患者たちもいます。一方が実際には挑戦できない他方に対して権利を主張しているという，不健康でサド－マゾヒスティックでさえあると他の領域では見なされる関係に終りうる不平等さが，精神分析には潜在的に存在しているのです。

　明らかに「分析家とひどい時間を過ごしている」患者についてときどき耳にするのは，気持ちのよいものではありません。そこで語られている関係では，無意識のあらゆることがらが分析家の権威に圧倒され，押しつぶされているとさえ患者には感じられているもののようです。もちろん不満を持つ患者のそのような報告が，必ずしも客観的であるとはかぎりません。それにもかかわらず，分析家から自分の患者をおもに否定的に見ている話を聞かされたりもします。つまり破壊的，羨望が強い，貪欲，操作的，ひねくれている，

[原注3]　Arlene Kramer Richards は，Philip Bromberg の討論について報告している。対人関係モデルにおいては，本当の分析体験をもたらす転移の強烈さは，ふたりのあいだの，「言外」でない真の相互交流を通じて協同して創り出される。そして分析家の目を通して患者が自分自身を見つめ，解釈を使用できるようになるための重大な要素とは，エナクトメントへの自分の寄与を観察できる分析家の能力である（Richards, 1997：1241）。これについての別の見解が，ニューヨーク精神分析協会で報告されている。そこで Steven Snyder は述べている。

　けれども Blum 先生は，このことから転移は「共に創り出したもの」であるか，もしくは対人関係の現象であると結論づけた人たちに異議を唱えた。転移はさまざまに複雑に現実の影響を受けているが，それでもなお患者の創造物である　（Snyder, 1993：704）。

尊大，自己愛的，傲慢，分析家に軽蔑的，など他にもたくさんあります。

このような患者もいる**でしょう**。また患者がこのようなときには，これらの問題に対して断固向かい合う覚悟が必要です。そうしなかったら患者を避けていると体験されるでしょう。しかしすべての患者が，ある分析家たちが考えるような破壊性に必ずしも満ちているわけではありません。だからこそ，もし分析家が患者をもっぱらそのように否定的に見ているなら，これは患者にだけ原因があるとはいえないコントロールをめぐる戦いがそこにあるためといえるでしょう。

両親にもっぱら悪者と見られて，そう扱われている子どもたちがいます。そのような子どもたちが後になって自分自身について歪んだ見解を発展させ，悪いということのほかにまるで能力がないと自分自身を見なしてさえいるのをたびたび見出したとしても，それは驚くに値しません。だからといって，これらの両親と同じようなやりかたで分析家自身が分析関係を侵襲してしまっている可能性に関心を払おうともしないで，そのやりかたで患者に影響を与えてよいのでしょうか？

このような患者の取り扱いでの苦しめるやりかたに主張される正当性は，そうしなければ患者における悪が分析を圧倒するとか，患者における破壊性は決してきちんと露呈されず分析もされないという考えです。しかし，分析において自分の困難な側面がより自発的に持ち込まれても十分に安全であると感じる機会を患者が与えられるのなら，これらの困難な側面はまったくちがった方法で取り扱われるというのが，私の経験してきたことです。私たちが分析しようと試みるまさにその破壊的側面に，挑発しないようにしながら向かい合う機会はたくさんあるのです。

（第2章でも述べたような）患者が傲慢，自己愛的等々であると見出すときがあります。そのとき私たちは，批判的に聞こえてしまいそうな方法，もしくは理解しようとしている試みを伝えるやりかたのどちらでこれにアプローチするかの選択に直面します。ここで役に立つのは，分析的な好奇心を取り戻すことです。また私は，ビオンが患者といっしょにいてひどい退屈にはまり込んでしまっていると気づいたときについて語っているのを聞いて，とて

も感銘を受けました。そこでは、まさに眠りに屈してしまうその寸前に、ビオンは彼の言う「分析的な好奇心」を取り戻せたのでした。この眠いほどの退屈さに刺激されて、ビオンは、一体どうしたらこんなに退屈にできるのだろうと不思議に思うことができました。このときには、もはや彼は退屈していませんでした。というのも、今は考えるに値するこの魅惑的な問いを得たからです。同じように私たちも、さもなければ批判的になりがちな患者のふるまいや態度の下に横たわるものについて、それを不思議に思えるのです。

　私たち自身の患者への（潜在的に）病理を引き起こす侵襲をモニタリングしておくことは、清めよう[原注4]としているその水を不必要に濁らさないために、私たちの技法をきちんと整えていくのにしばしば役立ちます。同様に、分析空間の使用に私たちが目を向けていることは、患者との作業をモニターするのに役立ちます。

1. 「空間」とは、どういう意味でしょうか？

　分析における空間はより一般的な意味では、できるだけ分析の外側から、もしくは分析家からの侵入や干渉や影響に妨げられないままにあり続けようとする患者と分析家の相互関係的空間として考えられるでしょう。この空間のなかで起こることは何であれ、普通はすべて分析の一部分です。

　しかしながら分析空間は、専門的な枠組みとプライバシーや守秘についての必要な境界をもって分析が行われるとき、単なる分析のセッティング以上のものなのです。それはまた、分析家と患者とのあいだの情緒的な空間であり、患者が分析家に届き、また分析家が患者に届く交流によって橋渡しされる空間でもあります。それはどっちみち満たされるか、空っぽのままに置かれるでしょう。つまり考えるための空間、関係するための空間、経験し存在するための空間です。この空間を使用する主導権は、通常患者に委ねられます[原注5]。

　原注4）「迫害的治療者」（Meares & Hobson, 1977）、また「医原性について」（Marrone, 1998：12章）を参照。

（侵襲を伴うものとしての）分析空間の概念は，それゆえ分析家と患者のあいだに生じることをモニタリングするためのコンテクストとして役立つでしょう。つまり，この空間が誰によってどのように使用されるのかという文脈です。分析空間に何かを「置く」のが分析家であるときは，患者はその行為やそれが分析家について伝えていることに——それはまた，患者にとって言外の意味を含み持っているかもしれないことなので——患者は普通とても敏感になります[原注6]。無意識には患者はこの空間のなかで，誰が何を置くかにいつも気がつくでしょう。

くわえて，転移が分析されそうであるのなら，分析における客観的現実とそれが何であれ転移されていることとのあいだには**十分な相違**があるはずです。患者はそれぞれを識別できなければなりません。この十分な相違がないのなら，患者といっしょにこの転移を分析する試みを邪魔してしまいかねない，過去のある対象関係とあまりにも同じものとして経験されやすくなります。ジェイ・グリンバーグ Jay Greenberg は，論文「分析家の中立性について」で，「もし分析家が新しい対象として経験されないならば，分析は決して進み始めない。すなわち，もし分析家が昔の人として経験されないならば，それは決して終わらない」（Greenberg, 1986：98）と述べています。

もっと重大な意味として分析空間は，分析関係内で起こることに納得のいく分析作業をおこなう自由を表します。すなわち，分析家が解釈することと患者がその解釈を理解することとのあいだを患者が動ける心的空間，あるいは分析関係の現実と転移とのあいだの空間です。もし解釈が患者に，賛成するか異議を唱えるか以外に何の余地も与えないなら，患者は自分自身で考えるための空間を持ちません。さらに分析関係の客観的現実が転移とあまりにも似ているのなら，患者は両者を識別できないでしょう。そのとき分析作業

原注5）Britton（1998）は**三角空間**と**詩的空間**を語っているが，まったく異なった興味深いやりかたで空間の概念を用いている。

原注6）この敏感さの重要な例外は，もっと前のセッションから回避されてきている重要な何かが存在しているときである。（このあまりに明白な例は，私が繰り返したあやまちにまったく何も言及しなかった患者にコメントしそこなったときであり，第6章に見出せる）。回避に注意を向けさせるのは，患者が認識できるほどに十分に回避が明白となるまで待つべきであると私は考える。その回避からも学ぶに値するものがしばしばある。

は不可能になり，その結果，行き詰まるでしょう。

例1

　私は，魅力的な女性患者がセッションで眠ってしまうのを，たしかに「治癒させた」とある分析家が自慢しているのをかつて聞いたことがありました。その分析家は自分が居るところで彼女が眠っている現象を熟考し，それは認識されていない望みを表象していると想像しました。それゆえ彼はこの眠りを患者に，**自分と一緒に寝たい**という彼女の願望として解釈しました。患者はただちにすっかりさえてしまい，決してふたたびセッションでは眠らなくなったのでした！

ここでその患者に試みに同一化してみるなら，患者がこの解釈をどんなふうに聞いただろうかを想像できそうです——その解釈ではとくに，彼女自身のこころにある考えよりも分析家のこころの中にある考えのほうがもっとはっきりと明らかになったようでした。そのため彼女は，**彼が彼女**と寝るのを考えている証拠とこの解釈を聞いたのでしょう。この場合彼女のふるまいの変化は，（分析家が仮定したような）解釈の正確さを表わしているのでなく，彼女に関してそのような考えを持っていると事実上認めた分析家を目の前にしてカウチに横たわり，部屋にひとりで居ることへの彼女の不安からでした。
　この患者にとって分析空間は，分析家が自分について性的な考えをもつ可能性を警戒する必要もなく，自分がリラックスできる安全な場所とはもはや見なせなくなったようにです。このため，分析空間は狭められてしまったのです。

例2

　ある同性愛患者が初回のコンサルテーションにやって来ました。私は彼を分析に受け入れることに同意しました。このコンサルテーションの終わりに彼は，セッションにやって来るときのスクーターの停め方について私に尋ねました。彼は私の家の玄関に通じる小道のそばに，すでにスクー ター

が停められていたのに気づいていました。「セッションに来たとき，私もそこにスクーターを停められますか？^{原注7)}」。この質問は「バナナの皮」（訳注：落とし穴）であり，答えようとしている最中には何が暗に意味されているのかを考える時間がないときに尋ねられている，隠された主要なテーマを持つ質問であると，今なら私は考えます。

　この患者は，私が精神分析のトレーニングでスーパーヴァイズを受けていた2番目の症例であり，このころ私はとても未熟でした。それで，この質問がややこしい問いであるのを認識できませんでした。問いを通して患者からコミュニケートされていた内容についてもっと十分に発見できるまで，この問いに答えないままにしておく方がよいだろうと今の私は知っています。たとえば，私は次のように言ったかもしれません：「あなたがそれを尋ねることで何を私に**告げている**のかが私にはまだよくわからない今は，私はあなたの質問に答えられないように思います。しかし，もしあなたが望むなら，私たちは分析のなかでこのことに戻れます。」それからしばらく後――患者が望んだときにそれをふたたび持ち出してくるまでは，そのままにしておかれたでしょう。不幸にも私は彼の質問に，客観的現実のレベルで答えてしまいました：「そこにはスクーター2台を置く余地はありませんね」と。

　この患者は後に，その反応から私が彼の同性愛を恐れていると解釈した事実を明らかにしました。私は，（その当時）彼の理解に真実があっただろうと認めます。私はそれまで，同性愛の患者と分析作業をした経験がありませんでした。そしてこの患者はすぐに，私の答えにある無意識のコミュニケーションを感じています。ここでの私の逆転移は，それゆえ何をさておきこの患者と距離を置くことだったのでしょう。しかし，もし私自身がこの内なる警戒を認識していたなら，こんなにぎこちない分析の始まりにはならなかったでしょう。また患者の問いの言外に含まれるものにもっと鋭敏に対応し，

　原注7）　これはかなり前のことで，そのときは私の家の外側に路上駐車することには何の問題もなかった（訳注：今日では盗難の為，路上駐車はできない）。

その問いは違ったふうに取り扱われたでしょう。実際は，転移の出現というよりもむしろ（私が部分的な確信を与えた）客観的現実として，患者が近づこうとするのを私が恐れていると彼が確信しているなかで，私たちはこの分析の最初の作業をやらねばなりませんでした。私が，これらふたつの現実間の区別を，知らず知らずのうちに不明瞭にしていました。このためこの問題に関して，分析のためのより中立的で本質的な空間を回復させるのに長い時間がかかりました。

　患者がどのようにものごとを見て，分析家がそれをどのように語るのかということのあいだには，空間が必要です。たとえば，ある女性のスーパーヴァイジーが，このポイントをこころに留めて患者に注意深く対応しているのを聞いてうれしく思いました。

例 3

　　患　者：あなたは，私の否定的な感情を非難するでしょうね。
　　治療者：あなたが「否定的な感情」と見なしているものについてのあなた自身の考えを，私たちはもっと理解する必要がありますね。

　これは，患者自身の言葉をこちらから何もしないで，そのまま用いるやりかたがあやまちであっただろう例のひとつです。ここでの治療的な職務は，自分の感情を否定的とする患者の見方を問うという領域にあるべきです。その探求から，患者が非難されると予期している理由が明らかになっていったでしょう。治療者自身の言葉がすでに非難の言葉であったのなら，その探求はずっと難しくなってしまうでしょう。

　分析における空間の概念は，分析過程の進退への私たち自身の影響を認識していく援助になります。このところで空間の概念は，真っ白なスクリーンとしての分析家というフロイトの考えよりももっと有益であると思います。真っ白なスクリーンという手本は，あまり力動的ではありません。それは分析においてものごとがどのようであるのかよりも，むしろどのようにあるべ

きかを述べているものだからです。対照的に空間の概念は，患者と分析家のあいだに起こっていることを，私たちが認識していくよううながします。何が分析家の上に投影され転移されているのかとのことに過ぎないのではないのです。

2．空間と技法の理論

　空間の概念をほとんど用いない分析家と，その概念が分析において重要な機能を持っていると信じている分析家とのおもな相違点は，もっぱら病理に関する理論的見解と，それに関連する分析過程と治癒過程の理論の違いから来ていると私は思います。

　パーソナリティ内の破壊力が病理の一義的な原因である，と見なす分析家たちがいます。ゆえに彼らは，環境の失敗（Winnicott, 1955）の影響力をあまり重んじていないようです。むしろ死の本能や生来的な羨望[原注8]といった破壊力が最早期の対象関係までもかき乱すその様子に目を向けています。また好まれた理論が，病理は環境の影響よりも生来の破壊力によるとみてしまうものであるときには，分析過程は患者の生活史をあまり尊重しない，患者のなかの「悪」と見られるものを追跡していこうとするばかりになります（少なくともこの事態については，ある患者たちが以前の分析の経験として述べていました）。分析の焦点がもっぱら「いまここで」に向けられているときに，患者の幼少期に実際に起こったと思われる現実を無視してしまうことには，それに並行してしばしば分析関係内での現実や分析家の働きかたが，比較的無視されてしまうという事態がともなうようです。

　不幸にも，分析家の臨床スタイルのもつ妨害を引き起こす力は，分析でのあらゆる妨害をすべて患者の病理のせいであると説明可能な理論を手に入れ

原注8）妥当で有益だろう批判を払いのける方法として，ある分析家たちによる「よい乳房への羨望」の概念の使用に私は大変憂慮している。この概念を創り出したメラニー・クラインは，彼女自身の子どもたちとの難しい問題を，よい母親としての彼女へのこの羨望のせいにしたようだった。それゆえここで排除されたであろうことは，子どもたちが実際になされた養育にどれほど反応していたのかという点である。

ることによって，さらにたやすく見落とされるでしょう[原注9]。もっぱら患者にとって内的なものとしての妨害という見解では，分析家と患者のあいだに起こることも考えていくこの分析空間は，あまり必要とされないでしょう。患者に空間を**与える**ことは患者の抵抗と密かに結託することであろう，と論じられているのをあるとき耳にしました。それはあたかも分析の目的は，患者があえて防衛をゆるめられるように分析関係において安全感を十分供給するよりも，患者を追いつめ，患者の「悪」を消すことにあるかのようです。

述べてきたあり方と対照的に，母親もしくは母親的人物の養育機能がこの上なく重要であると考える（ウィニコットのような）分析家たちがいます。彼らは誕生からの環境の影響を，いやむしろ誕生以前から，さかのぼって調べます。彼らは小児期の生活史におけるこれらの外的現実と，その論理的な展開としての分析関係の外的現実とを，必ず考慮するようにしています——しかしながらこの多くが，すでに周知の，関係すべてに影響する患者の投影や転移によって歪曲されてもいます。

3．遊ぶための空間と存在するための空間

分析空間のもうひとつの機能は，遊ぶためや存在するためです。そのために，ウィニコットが論じた母親と赤ちゃんとのあいだでの遊ぶことが可能になる過程を考えるのが有用でしょう。『遊ぶことと現実』でウィニコットは論じています：「母親（あるいは母親の一部）は，赤ちゃんが自分の能力で見つけ出している存在であることと，（それに代わって）見つけられるのを待っている存在であることのあいだを「行ったり来たり」しているのである」（1971b：47）私はこの文章を，赤ちゃんに準備ができていないときでも，母親にはたくさん見出されるべきところがあるのですが，赤ちゃんにこの**準**

[原注9)　ここで「妨害」によって私が意味しているのは，そらすといった分析過程の自然な流れを妨げること，あるいは分析家の選んだ流れに沿わせるといった分析家に由来するもの，もしくは患者のなかに心的妨害の出現を引き起こすというものである。これは患者自身のこころの状態を真に表わしているというよりも，分析家の患者扱いに対する反応として明らかになっていくであろう。

*備が*できるまで母親はそれらをそのままにとどめておくとのことを意味していると理解しています。

 母親が赤ちゃんのために，確実に，しかし侵襲的でなく存在しておこうとする意志を持っていることこそが，赤ちゃんの遊ぶ能力の基礎となります。そのとき赤ちゃんは，存在しているものとしても，不在のものとしても母親を使用できます。さらに（逆説的に），当然母親は背後に存在しているとされるだけで，この遊ぶことが可能になるのです。年長児（患者にも当てはまりますが）では，一時の不在から母親は必ず戻ってくるとあてにできることが，子どもがひとりのときでさえも強迫的にならず創造的に遊べるようにしてくれるのです。

 分析中の患者たちも同じように，創造的な遊びのために分析家を使用できるようになります。患者によっては，その事態がまさに精神分析の本質となります。しかしそれは，ある確かな状況下でのみです。もし分析家が自分の解釈をあまりにも頻繁に疑いのない事実として与えるならば，患者はその解釈を受容するか挑戦するかの二者択一同然に置かれるのです。このときには，その考えと遊ぶ余地はありません。患者は考えられる別の観点を提案しながら，気楽に検討するとはいきません。対照的に，解釈が試みの形で与えられるのなら，もしくは分析家が，理解し始めていると信じていることと同じく，自分自身が知らないとのことを分かち合うのなら，患者が解釈と遊ぶ空間は一般にもっと広く存在するでしょう。一方で，教義的に解釈することは，戦いの雰囲気をあまりにもたやすく創り出してしまいます。それは必ずしも転移現象でも，分析過程の避けられない特徴でもありません。そして戦いにおいては，思考の自由や存在するための空間はたいていずもってありません。

4．解釈との関連での分析空間

 いつでも重要なのは，解釈にただ同意するか拒否するかを越えて，患者が解釈と何かできる余地を残しておくことです。

例1

　スーパーヴィジョンにおいて，訓練中のある男性治療者が女性患者に，「あなたは，弟が死ねばよいと望んだことがやましいのですね」と伝えたと報告しました。この解釈は，患者の弟が最近亡くなったという文脈においてなされたものでした。私には，その研修生のめざしているものが，この死に対する患者の罪悪の反応という問題点をあらわにしたいというところにあるのは認識できました。しかし患者はこの解釈を，それが意図されたのとはまったく異なるように聞いたでしょう。

　このような直面化は，弟の死を望んだ彼女を明らかに非難している——おそらくその原因が彼女であると非難している患者の超自我にあたかも治療者は加担しているようだと感じさせたでしょう。ここで私たちが患者に試みに同一化してみるなら，彼女がこの解釈によって窮地に追いつめられたと感じた感覚をただちに感じられそうです。この解釈に対して，彼女に何ができたでしょうか？　彼女は，おそらくこう言えたでしょう。「ええ，私はそのことがやましいのです」と。あるいは，この意見，非難から自分を守ろうとしたかもしれません。

　治療者が行きつこうと試みているポイントは，もちろん（子どもとしての）患者が弟の死を望んでいたのであり，そのために自分自身を非難しているのだろうというところです。だから，分析空間を維持し，かつ患者のこころの中でのこの無意識のつながりに（そのつながりを補強しようとするよりもむしろ）疑問をさしはさむ可能性を保つために，治療者は患者とともに探求しようとしているその問題について，ひとつ以上の見方が抱ける余地を残しておこうと注意深くあらねばなりません。

　ですから，治療者は次のように言うほうが望ましかったでしょう。「なぜ，あなたが弟の死についてやましさを感じるのかを，私たちはもっと理解する必要がありますね」と。少なくとも，患者がやましさを感じる**べき**だと治療者が思っているとは聞こえないでしょう。そこで患者は，弟が生まれたときの自分の憤りを思い起こすかもしれませんが，それはあたかも，弟なんか片

づけられればよいのにという早期の望みが今の罪悪感を説明しているかのようです。この気づきによって，子ども時代の願望はその願望を実現させる力があるかのように感じる魔術的思考についての患者の思い込みを探ってみようとしはじめるかもしれません。ここでこの問題をより開かれた探求としていくのに不可欠な空間は，こうしてもっとよく維持されることでしょう。それは，患者は罪悪感を*抱かないでよい*という余地も残したでしょう。対照的に，超自我的態度が治療者から醸し出されたとき，分析空間は深刻に狭められてしまうでしょう。それによって患者は，あたかもその解釈を自分が感じる*べき*ことと感じてしまうのです。

長めの例

男性のAさんには，しばらくの期間深刻な自殺念慮がありましたが，最近はほんの少し気分がよくなっているように感じていました。そのころ彼は，*彼の車をガソリン満杯にしているというひとつの夢の断片を持ってきました。この夢で奇妙なのは，ガソリンポンプが，ある個人の家の前にある生け垣のそばにあったことでした。*彼にはそれ以上は何も思い浮かびませんでした。

〇こころの中のスーパーヴィジョン

セッションのなかでのこの（女性）分析家の連想は，旅でした。Aさんが自殺を思い続けることから自分の人生の旅を続けることへと進んでいく心準備を感じているかもしれないと信じたかったのでした。しかしながら同時に彼女は，彼に以前かなりしつこく自殺念慮があったときに，車の排気ガスでの自殺を計画していたのを思い出しました。彼はその目的のためにゴム管を買っていて，まだそれを持っていました。それで分析家は，この夢が強い抑うつから離れ去ることを表しているのか，それとも自殺行為という考えに戻ることを指しているのかどうか，わかりませんでした。それゆえ，旅への準備を示唆するものとしてこの夢を考えたくなってはいても，自殺の危険が続いていることを排除するような解釈はしないように気をつけねばならないと

感じました。
　分析家は，この夢は，Ａさんが分析に来るたびに通る（個人の住宅でもある）自分の家の前にある生け垣に関連しているかもしれないとも気づいていました。

○コメント
　分析家は患者が話すのを，夢についての彼自身の連想を語るのを待てたでしょうし，人によっては待つべきだったと示唆するかもしれません。

　Ａさんは黙ったままでした。そこで（間をおいて）分析家は付け加えました：「*私の*家の前に生け垣がありますね」と。

○コメント
　スーパーヴィジョンでは分析家は，患者が話し始めるように，またできたら夢についての患者自身の考えをさらに語られるようにしむける筋道として，この観察を提示したのだと言いました。

　Ａさんは「ああ，そうです。ありましたね」と答えました。それからかなり長く沈黙したので，分析家は続けました。「この夢が，あなたがここに来ていることについてであるのなら，私があなたのなかのからっぽを満たすようにと，いまだあなたが期待していることを伝えていそうですね」。

○コメント
　スーパーヴィジョンでは分析家は，彼女がそのからっぽを*現実に*満たしてくれると患者が思わないよう気をつけていた，と説明しました。

　Ａさんは答えました。「そうです。でも，私の旅はどこに向かうのか，まだわかりません」。

○討　論

　分析家はここで，夢に含まれている潜在的な意味を排除しないで，あらゆる可能性に対して分析空間を開いておこうとしています。そして，これまでのところはAさんも同じなようです。

　さらに探求していくために開かれたままにあるという選択には，患者が自分にとって必要なものを分析家からうまく見つけ出せるのかどうかが含まれています。患者は自分の人生の旅を続けるために，夢のなかのガソリンを使うかもしれませんが，あるいは使わないかもしれませんし，または自殺のためにこれを使おうかどうしようかと迷っているのかもしれません。返事では，どこに進んでいるのかまだわからないと彼は認識しています。しかしながらその彼に，分析家はこれらのまったく異なる可能性にオープンなのだと感じられたいものです。

　もし代わりに，患者が旅を続けるために必要なものを分析家が彼に**供給している**，と夢では見られていたと分析家がほのめかしたとしたなら，彼が持ち続けている自殺の考えに分析家が触れていないと彼は聞いたことでしょう。その場合，分析空間は深刻に狭められていましょう。というのも患者は，いまだ自殺を考えているという可能性に耐えられないために，人生をうまくやっていると彼を見たい分析家の侵入的で歪んだ願望と，戦わなければならなくなったでしょう。さらには，分析家が自殺の考えに触れあっていないとの印象を与えたのなら，とりわけひとりでは耐えられそうもないときに感じていたことに触れてくれない彼の人生における他の人たちのように，彼女もひどすぎて耐えられないのだと体験してしまうでしょう。

　私たちに影響されずに，患者が自発的に進んでいくところにそのままついていくチャンスを最大にしたいのなら，私たちが決定する方向へ患者がついてくるようにうながす私たち自身からのインプットから，分析空間をできるだけ自由に保つことが重要なのです。

5．技法との関連での侵襲と空間

　これまで描き出そうとしてきたように，侵襲と空間の双方との関連で，セッションにおいて私たち自身が寄与しているものを考えることはいつも有益です。そのセッションでは，私たちはどのように在るのでしょうか？　セッションに私たちが持ち込んでいるものはどんなものであり，それはどんな理由からでしょうか？　それは，このセッションにかかわっているものでしょうか？　患者がこのセッションに持ち込んできていることに本当に対応しているものでしょうか，それとも，他のところからの何かを持ち込んでそらしていないでしょうか？　患者のコミュニケーション全体にダイナミックに存在しているつながりを**発見**していますか，あるいは単につながりを**作っている**だけでしょうか？　私たちの介入の性質は，中立的でしょうか，それとも何らかの方向に偏っているのでしょうか？

　分析関係の性質は，このような多くの問題によって決定されています。私たちの考え（や理論）を患者のこころの**中**に押し込もうとするよりも，患者自身のこころに真に由来するものに私たちがつながれるのは，分析空間が患者自身のパーソナルな使用に十分に開かれているときだけです。これらの問題を中核的なものと見なすか，あるいはほんの枝葉末節にすぎないと見なしてアプローチするかという違いによって，まったく異なった種類の分析となってしまいます。患者にとっての違いは，より自分らしくなるための分析的な機会と，分析家の型になんらかの形ではめられていくこととのあいだにあります。分析の終わりに，患者が分析家にどれくらい同一化しているでしょうか（「親にそっくりの子」）。そして，いずれなれそうであったその人自身としてどれだけ成長できたでしょうか？

第9章　知っていることの彼方の知らないこと^{原注1)}

> 道に迷うための確実な方法のひとつは，なじみのない土地で見慣れた地図を頼りにすることです。

はじめに

本章では，知らないことなのに，それにすでによくなじんでいると取り違えるときにおかす失敗と，この彼方を見通せるまで待つことの大切さを述べていきます。

まず，私たちがお互いにかかわり合う過程，とりわけまだ知らない誰かとかかわり合う過程，さらにその誰かを**実際に**知っていく道程でぶつかるいくつかの障害について考えたいと思います。これらの過程は分析での出会いと同様に，人生の至るところにあるものです。ですから，まず普通のなじみある場面でこれらの過程を考えていきますが，それらの描写は，分析での出会いの局面について隠喩（メタファー）として提示されてもいます。

1．なじみのないこととの出会い

誕生のときから私たちは，似たものを結びつけるやりかたで自分たちの経験を構造化していきます。なじみのないものなら，それのもつ目新しさは何らかの意味が得られるまで吟味されます。あるいはなじみのないものに直面

原注1)　本論文は1994年11月にロンドンのユニバーシティ・カレッジで開催されたインディペンデント・グループ・カンファレンス「新しいその人を知るようになること」において初めて発表された。

しているとき，ときにそれが強い不安を感じさせるゆえに，それは脅かしてくるものとかつまらないものとして追い払われてしまいます。

そもそも乳幼児としての私たちは，かかわるには限られた構成しか持ちません。しかしながら経験が広がるにつれて，新しい誰かを見定めるときに引き合いに出す自分のレパートリーも広がります。そこで，その誰かを知っていると思い始められる前にどの程度確かめる必要を感じるかは，ほとんど知らない誰かに会うことへの私たちの関心にかなりのところ，かかっています。

日常生活からの例

ふたりが初めて出会うとき，そこには知らない人と会うときに特有の不安を和らげるための習慣的な儀式があります。たとえば，パーティーでは「何をしているのですか？」，「この辺りに住んでいますか？」といった質問がたいてい話されます。こうしてこのような質問によってたいがい，**共通の立場**を見出せたとしっかり感じ始められるところに他者を位置づけられるようになります。あるいはそれがうまくいかなかったのなら，なんとか他者を位置づける何らかのやりかたがともかくなされるでしょう。

2．ステレオタイプ

他者を深く知るのに絶対の近道なんてあり得ません。それは一生かかるものでしょう。たとえ一緒に親密に生活していても，私たちはその人たちを本当に知っていると言えるでしょうか？　それでも，私たちはいつも近道をしようとしています。もっともよくあるのが，ステレオタイプという近道です。

たとえば知らない人と出会うとき，ひとたびその人の職業といったものを聞き知ったところで，その人の像を作り上げる過程に私たちはすでに入っているのです。そのとき私たちはその人を，慣れ親しんでいるカテゴリーのなかに入れられると思い始めるでしょう。そのカテゴリーに収められている人たちについての以前の知識から，実際に知る以上にその人について知っていると思い始めるかもしれません。しかし，知らない人についてのもっとも重

要なことや個人という適切な感覚をつかむなら，もっとじっくり探究していくでしょう。けれども見知らぬという感覚や知らないことへの居心地の悪さに我慢できず，それらを取り除きたがるときには，ときどきすでになじんでいるもので収めてしまいます。臨床の作業でも，この過程が起こっているのです。

3．なじみのないことにかかわること

　知らない人とのあいだに共通の立場を見出せないとき，私たちはしばしばほかの人たちとの経験に頼ろうとしてしまいます。けれども，ここには危険があります。なぜなら知らないことを，何にしても慣れ親しんでいそうなものによって曖昧にしてしまい，知らないことへのオープンさを制限してしまいやすいからです。こうして私たちは，他の関係をこのなじみのない関係へと移し，あたかもそれが当てはまる別の人であるかのように，その新しい人のことを取り扱います。もしくは，なじみあることとないこととの区分をぼやかすような方法で私たち自身から投影し，違いを二次的なものにするかもしれません。しかし多くの場合，私たちが一番関心を抱くべきなのは，とくにこれらの相違でしょう。と言うのは，とりわけここにおいてこそ，他者に関してもっとも個性的でユニークなものに出会えるからです。

　ここにはひとつの興味深い違い以上のものがあります。楽観主義者は悲観主義者と同じコップの水を見ても，半分が空っぽになってしまったと思うよりも半分は満たされていると見なします。なじみのあることとなじみのないことに関しても同様です。あまりにも自信過剰になりがちで，自分たちは（限られた証拠に基づいてすら）他者をすでによく知っていると思う人もいれば，いつももっと知らなければならないと感じるとの理由で結論を引き出すことに無力を感じる人もいます。あまりにも自信過剰な人のなかには，自分は人を知る専門家だとの確信で傲慢になる人がいます。けれども他者に対する根拠のない確信から，疑い深くなるどころか妄想的になる人もいます。それぞれの人がそれがどんなものであろうとも自分流のやりかたやさまざ

な理由で，適っていると思うあらゆるカテゴリーに他者を位置づけるのです。しかしながら，思い込みと先入観は，もっと真に他者を知るためにはいつも有害なのです。

4．理論の貢献と他の臨床経験の貢献

　患者を知ろうと試みる分析家の責務と，赤ちゃんをわかってくる母親の責務はとても似ています。それぞれの場合で，他の経験を利用するのと同じくらいに，机上の知識があてにされます。

　母親は初めての赤ちゃんに対してしばしば不安を感じ，本を調べ，赤ちゃんとの経験を自分よりもっと持つ人たちからのアドバイスを求めようとしがちです。こうしてそれらのアドバイスやよその母親を観察して手に入れたものを身にまとい，彼女自身が赤ちゃんであったという（大抵は無意識の）経験に頼ってようやく，*彼女*の新しく生まれた赤ちゃんを知っていく役目に近づけると感じるのでしょう。しかし他者からのこうした指針には，それが彼女自身の赤ちゃんについてなのではないという不利益があります。ウィニコットがしばしば指摘したように，せいぜい標準的な赤ちゃんや赤ちゃん全般に関しているだけなのです。

　しかしながら母親が初めての赤ちゃんとの新しい環境に慣れてきたとき，母親はいまや赤ちゃんについて「知っている」と感じ始めるでしょう。ですから，次の赤ちゃんのときには，まったく新しい誰かにもういちど向かい合っているとのことを見落とす母親たちがいるのです。彼女たちは初めの赤ちゃんの「読み」方を学んできたかもしれません。けれども感受性豊かな母親は，どのようにしてそれぞれの発達段階でそれぞれの赤ちゃんが必要とする母親であろうとするのかを新たに学ぶという，多くをふたたび学ばなければならないと知っているのです。

　同様に初めての患者に対して訓練中の分析家は，当然不安を感じるものです。そこで彼ら自身の分析家やスーパーヴァイザーから学んできたことと同様に，他の人から学んだことにかなり頼ってしまいやすいのです。しかしま

た，それらの源泉から得られる指針ではそれがどんなものであろうとも，望まれているようには当の患者とは直接関係しないでしょう。それゆえ訓練中の分析家は自分の患者から，**知っていることとまだ知らないことの関連づけかた**や，それぞれの患者が分析のそれぞれの段階でもっとも見出す必要がある分析家にどのようにしてなっていくかについて，多くを学ばなければなりません。

　母親と成長している子どもについてと同じく，何が合って何が合わないかといったニードの変化への気づきが，分析家/治療者によって見つけられていくのです。それゆえ研修生が他の経験にあまりにも頼っていたのなら，この姿勢がまさに，患者当人の（無意識な）助言やヒントを認識していくというやりかたを妨げてしまうのです。たとえ経験豊かな分析家でさえも，分析家が患者よりもつねによく知っているなんてことは決してありません。

　もちろん患者を知っていくという作業は，私たち自身や他の人たちについての経験だけではできそうにありません。経験に加えて，私たちは理論に頼るのです。しかし問題は，理論に**どれくらい**頼るのかです。もしその理論がまちがっていたり，私たちが思いたいほどには普遍的に適用されないものならどうなるのでしょうか？　また総論的な理論がどれだけ患者個人に関連しているでしょうか？

　いかなる分析家もそれぞれの分析全体を通して，分析家が直面するだろう患者のなかの知らないことについての理解を助ける理論に頼る必要があります。しかし研修生や最近資格を得たばかりの分析家は利用できる広い臨床経験がいまだ欠けているので，いつのまにか理論にとても頼ってしまいがちなのです。当然ですが，理論によって与えられる地図は，新しい患者とか，分析家をなじみのない領域へと連れ出し始めている患者と向かい合っているときには，経験の乏しい分析家への天の賜のように見えるかもしれません。そのときの衝動は，この見知らぬという感覚を限局し，なじみのないことをもっと慣れ親しんでいるものとして**見よう**というものです。しかしながらときには（分析家にとって）その結果は，なじんでいるという錯覚，偽りの理解という錯覚であり，それは分析家に安心感を与えるでしょうが，患者には理解

されているという安心は感じさせないでしょう。

　限られた経験しか頼れないと知っている訓練中の分析家に対比して，訓練された分析家は，自分の理解に**あまりにも自信過剰**になっているときに気をつけるべきです。臨床経験を積めば積むほど，面接室で発見されるまったく新しいものなど何もないと感じやすくなります。しかしこの態度は，まことに危険なものです。というのも，個人はいつも新しいのですし，また患者に洞察がもっとも意味を持つのは，普通その洞察がそれぞれの人物に新たに発見される洞察であるからなのです。

5．他者についての知らないこと

　これまで述べてきたところで，どれだけ多く私たちの探究が，私たち自身の個人的体験から知ることや，他の臨床経験や理論のおかげでよくなじんでいるように見えるというなじみあるものへと連れ戻すのかを示そうとしてきました。しかし私たちに真に知られざるものはそれが何であれ，いつもなじんでいることの背後，さらには私たちが見出そうとするものの彼方に存在しています。

　分析家は**患者にとって知られざること**，つまり無意識ゆえに知らないことについて考えるのには慣れています。だからこそ患者のコミュニケーションに耳を傾けるときに，無意識の空想や記憶から派生していそうなものにとりわけ注目します。それから徐々に，分析家は患者の内的世界についてのより確実な知覚をつなぎ合わせ，無意識を解釈したいと思います。こうして患者に無意識が意識化されるのです。これが，その多くに慣れ親しんでいるあらゆる分析家の日常職務です。そしてこの分析作業を通して，患者は自分自身について以前は知らなかったことを認識し始めるでしょう。

　しかし，分析実践のよく踏み固められた道の彼方には，**分析家にとってもいまだ知られていないまま**のことがあるのです。そしてその知らないことを分析家が理解できるためには，根本からの視点の変更が必要になるかもしれません。たとえば視点の変更が必要とされるときに，分析家がそれまでに出

会ってきたこととはおそらく異なるような，患者のまったく異なる人生経験をまだ理解できないときがあります。あるいは，患者の実際の経験や，当面のまさにその瞬間のコミュニケーションから**引き離してしまう**ある先入観や関心事に注意を集中させてしまう理論的見解に分析家が妨げられているとき，この視点の変更が必要とされるでしょう。

このように，それが外的であれ内的であれ，分析家がその患者の世界にあまりなじんでいないときに問題が出てくるのです。

例

ある患者の**彼女の**母親とのまったく異なる経験を汲み取るために，「母親」についての私のそれまでの考えを棚上げしなければならなかったときのことを鮮やかに思い出します。

私が「母親的世話」を私に求めているとこの患者に伝えたとき，彼女は私をサディスティックであると考えました。この解釈においては，母親の役割を私が提供していこうとは意図していませんでした。しかし，苦悩ゆえに彼女は私がそこにいることを必要としていると私は感じていましたし，それが母親的世話の重要な機能であると考えていました。彼女は情緒的援助を他者に求めることを常に恐れていました。私はその援助を私に求められるようになる必要があると感じました。けれども，私が語ったことに彼女が聞いたものはまったく異なっていました。

そのとき学んだのですが，この患者は幼いとき苦悩をときどき母親に**向けた**のでした。しかしそのとき彼女は，それに対するどんな援助も期待できないと知ったのでした。援助に代わって，母親を狼狽させたと非難されたと彼女はたいてい感じていました。

この患者にとっては，母親とは決して狼狽させられてはならない人でした。すなわち母親とは，苦悩のなかでも決して頼りにされてはならない人であり，子どもが安らぎを感じるよう援助しようとはまったくしない人で，たいていもっと苦しく感じさせる人なのでした。それゆえこの患者が，母親とは何で

あり，母親的世話とは何を意味するのかとの異なる見方にたどり着くまでには長い時間がかかりました。

その患者が慣れ親しんでいたことは，私にはまだなじみのないものでした。私はそれを彼女から学ぶことができるだけでした。私の個人的体験もこれまでの臨床経験も，母親的世話についての考えをこの患者が経験したように理解するように導くには至りませんでした。そうした導きがあったとしても，患者が剥奪されていたとしても求めてきたものとして，剥奪され傷つけられた患者でさえも母親的世話の概念を持っているだろうとの私の思い込みがありました。事実この患者は母親についてのあらゆることをあまりに恐れていたために，自分自身がいつかひとりの母親になっていくのを恐れていました。このように（母親に関する）私の世界と彼女の世界はまったく異なっていました。そして私はこれらのすっかり異なった世界のあいだに架け橋を見出さねばなりませんでした。しかしなにより，彼女の経験と私の経験とのあいだにある深い溝を認識しなくてはなりませんでした。

6．深い溝に橋を架ける試み

ある人物をもっと深く知るために，知らないことの深い溝に橋を架けようとするとき，私たちはその手助けとして何に頼ったらよいのでしょうか？

個人的体験は，わずかながら役立つかもしれません。しかしこれは私たちが望むほどには役立ちません。私たち自身の経験から発見し他者との経験から学んだことは，私たちにとって新しい誰かを知ろうとするところまでは連れていってくれます[原注2]。経験はなじみあること同士を関連づけるには役立ちますが，まだ知らないことには私たちをなじませてくれないのです。

私たちは，かなり重要な点で私たち自身の経験とよく似ていると思わせる人生経験を持つ患者に出会ったりするものです。一見これは有益なようです。

原注2）Bion は，私たちが今日のその患者を知らないことを，患者が前回のセッションからのちに，どこにいて，そして今日どこにいるのかを私たちは（まだ）知らない，と私たちに気づかせてきた。だからこの意味では，患者それぞれは私たちにとってその日ごとに新しいのである。

しかしここには，患者についてあまりにも多くを私たち自身の経験という立場から読みとりたくなるといった危険があります。

その反対も起こります。私たちが同じようなことを経験して**いない**という理由で，私たちには理解できないとこぼす患者がいます。たとえば，早期の子宮切除術によって子どもを持たない女性の喪失体験を男性分析家はどのように理解し始められるでしょうか？　事実，彼はこの事態を決して適切に理解できません。しかし少なくとも，彼が知らないのだと知ることから得られる何かがまだあるでしょう。それゆえ彼はこれをつかみ始めるためにも想像を広げなければなりません。ところが同じような経験をしてきた女性分析家は患者が経験していることから知る以上に自分は知っているとあまりにも容易く想像してしまうかもしれません。ひとりの個人のそうした喪失体験は必ずしも他者のものと同じであるとはかぎりません。それゆえに他者の苦しみは，まずもって（ある意味で）私たち自身の経験の彼方にいつもあるのだと，こころしておく必要があるのです。またその当人からより多く学ぶことに開かれつづけているためには，この事実を尊重する必要があります。

どちらの状況にも利得と損失があるのです。理解することへの近道があるという錯覚を経験がもたらすとき，そこでは多くが見過ごされてしまうかもしれません。一方私たち自身の経験に基づいた一般化の限界に直面するとき，知らないことの深遠な溝がそこにあるのがいっそう明らかになります。共感的な想像や試みの同一化の技法は，そのときますます重要であるとされるでしょう。

7．他者の他者性

私たち自身の経験とほかの人の経験は，なんと違うものなのでしょう。聾者と盲人の教師であったアニー・サリバンは，（聾唖で盲目の）ヘレン・ケラーに勉強を教えるように依頼されました。そして彼女たちはついになんとかコミュニケートしあえるようになったのでした。しかしながら，ヘレン・ケラーは聞くことも，見ることも，話すこともできなかったという正真正銘

の事実をきちんと理解することもなく，ヘレン・ケラーについて述べるときに用いる三つの単純な形容詞（聾の，唖の，盲目の）を記すのは，恐ろしいほどに簡単です。

　（同名の演劇において「奇跡の人」として描かれた）アニー・サリバンは，このひどく怯えた子どものプライベートな世界がどのようなものであるかを想像できるだけでした。ヘレン・ケラーはただ触るか，味わうか臭うだけの対象の世界に生きていました。あるものは固く，あるものは柔らかでした。冷たいものもあれば，暖かいものもありました。動かないものもあれば，あるものは動きました。動いたもののなかに時々彼女にまといついたり，彼女を脅かしたりするものがありました。**それ**は，ヘレンの母親でした。

　アニー・サリバンに出会う前にはヘレンは，コミュニケーションの正常な手段をまったく欠いていたため，それがいかなるものであれ自分ひとりで作れる世界の感覚に制限されていました。非言語的なコミュニケーションに限定されていました。しかしながらひとりの人物（ある子ども）とのあいだで彼女は「私にください」，「受け取って」を意味する信号システムを身につけていました。このシステムが，彼女が人と成し遂げたコミュニケーションの限界だったかのように思われます。だから彼女は，自分をほとんど誰もまったく理解できない，という印象を持たざるを得なかったに違いありません。しかも時間のほとんどにおいて，怯える母親は彼女を理解できなかったのでした。

　このほとんど何も知ることができない子どもとコミュニケートしようという役目の到底乗り越えられそうもない難しさは，その子のことを考えてみる人には明らかなものでしょう。それはアニー・サリバンが登場するまでは不可能だと考えられてきました。しかしアニーとヘレンが成し遂げたふたりのあいだの理解することの橋が架かるまでは，ふたりに十分なコミュニケーションは起こりえなかったのでした。

　道を開いたのは，ヘレンが（まったく聞こえなくなった時期以前からの）

ごく早期の記憶を「水」という言葉を思い出すなかで取り戻したときでした。それから彼女は**庭のポンプからの水**と，**この思い出した言葉**とのあいだにつながりを創れたのでした。さらにヘレンは，これと**手の上に一字一字綴られた文字のパターン**とを結びつけることができたのでした。

　アニー・サリバンの援助があって，このたったひとつの構成の上に，対象には名前があるというヘレンの認識が築き上げられました。すなわちこれらの名前とそれを書き綴るのに用いられる文字がコミュニケーションの基礎となりえたのでした。こうして，その連結を見出した後に，この以前は知りえなかった子どもが知られ始め，ヘレンも他者と関係を持ち始めたのでした。

この例はとても稀なものなので，まずもって誰もこれほどのできごとには出会いそうにありません。けれどもこの例は，私たち自身の経験とはとても異なる経験をしている人を知ろうとしていく責務において，想像力を働かしなさいと促してくれます。

　しかしながら，知らないことを知るという問題は，普通そんなに多くありません。むしろ多いのは，私たちが知らないときに知っていると思う**錯覚**です。

長めの例

　その程度は軽かったのですが，ヘレン・ケラーの幼少期のように私自身が知っていたのとはまったく異なる幼少期を過ごした患者を，私も知っていかねばなりませんでした。Ｆさんと呼ぶ男性患者との分析での２年目からのふたつのエピソードをこれから述べていきましょう。

　守秘のため，背景となる生活史の多くは省きます。しかしこの患者の幼少期で当面のこととももっとも関連するのは，彼が（２cm 以上離れると焦点が合わせられないほどの）ひどい近視で生まれてきたために，自分をとりまく世界を見られなかったことでした。彼は自分の母親の顔すら見えませんでした。そして彼が３歳半になるまで両親も，彼がほとんど盲目であるとは認識

できませんでした。

　その患者が初めて私に会いに来たのは，20代のはじめでした。分析の2年目に，Fさんが私に何を伝えようとしているのか，大まかにでさえも私にわからなかったときが幾度かありました。そのようなとき，彼はしばしば話を省いていました。そのため私には，そのどこへも適切に焦点を合わせられないように感じられました。そのうちに私は，これは見ることができないというFさん自身の経験のようなもののなかに，あたかも私が引きずり込まれているようであると実感しました。私はそれを**投影同一化**という点から理解し始めました。それゆえこの状況がふたたび生じたとき，私は彼に言いました。

　　今日みたいな日が，何度かありましたね。そのとき私は，あなたが何を語っているのか理解できない，と認めざるをえませんでした。私には確かではないのですが，これは私がほんとうに何かを見失っているためなのでしょうか。それとも，はっきりと見ることができないという**あなたの**経験の何かを，あなたが私になんとかして伝えようとしていることなのでしょうか。

　Fさんは深く感じたようでした。とりわけ私にはよりなじんだ方法で私が彼に解釈しようと試みていたとき，彼は私を彼がほとんど盲目であるという事実に目をつむっていた両親のように経験していました。私が私自身の見え方の限界を見始めるようになったので，私が彼や彼の経験にもっと触れてきていると，彼は感じ始めました。

〇コメント
　見ることができないという患者の経験についての**投影同一化**を取り上げたのと同様に，はっきり見ていなかった両親という**無意識の役割対応**（Sandler，1976）も，私は取り上げていたと思います。それゆえ私がこの事態に沈黙し続けた限りは，彼の障害を理解し損ねているのを認めていなかった両

親そのもののように，おそらく私はFさんに経験されていました。［両親は，彼がほとんど盲目であると認める代わりに，不器用で愚か，もしくは「精神遅滞」児であるかもしれないとさえ思っていました。］しかし，彼が私に伝えようとしていることに気づけていないと私が認めたところ，変化が起こりました。そこでFさんは，いまや私が彼に触れていられるのだと経験し始めました。

この後まもなく，Fさんがこの奇妙な話し方をしていた別の場面がありました。彼はそのとき言いました。

　私の言葉は，他の人たちの言葉ではありません。また他の人たちの言葉は，私のものでもありません。ただ同じに聞こえるだけです。（間）。犬は，犬ではありません。**なぜ猫は犬ではないのですか？**（長い間）。

当然ながら，私はこの発言を理解できませんでした。Fさんは対象の名前をどのように学んできたかを話し続けました。その過程は彼にとっては（たいていの子どもたちと同じような）対象に名前を付ける過程ではなく，彼がすでに学んでいた名前を取り付けられるように対象の所在を突きとめようと試みていく過程でした。彼は，子どもが「ママ，あれは何？」と話すような普通の経験をまったくしていませんでした。そうではなくて，母親が次のように言ったものでした，「見て，猫よ」と。もちろん彼にはその猫が見えなかったのです。私は言いました。

　私の解釈が，あなたの経験と合わないときのことを，あなたは私に伝えているのだと思います。あなたの経験をもっと理解することを通して，さらには，あなたにとってのこの経験と私が想像したであろうこととがいかに異なっているのかを知っていくことを通して，私はまだまだ，あなたの言語を学んでいかねばなりません。

そこで患者は，16歳のときに経験した，彼の言う「隠された精神破綻」について話しました。ふたつの言語を持っていると彼は認識するようになったのでした。他の人たちには同じに聞こえましたが，彼にとっては同じではありませんでした。どちらの言語も同じように見え，同じ言葉でしたが，その言葉は彼にはまったく異なるものを意味していました。両親の言語は彼の言語ではないのだと両親に話したいと彼は思っていましたが，自分が狂っていると両親に思われるだろうと恐れていました。彼自身の言語には「中身の詰まった full」言葉がありましたが，両親の言語を用いると，彼には「空っぽ」の言葉を使っているように思われました。この経験は理解されないと確信していたので，決して誰にも説明できなかったのだと話しました。

　それからFさんは，まだ見えなかったときに彼が最初に学んだ言葉は，彼の発見という経験を言い表している言葉であるとさらに詳しく述べました。たとえば，動いている形が，猫なのか犬なのかが直ぐにはわかりませんでした。彼はその動くものがどちらであるかをなんとかしてわかる方法を見出さねばなりませんでした。同様に，あるものを手にしたのなら，感触とにおいによってそれが何であるかを見分けるようになりました。しかし，彼に眼鏡が与えられたとき，いまや目に見える対象に名づけるということで，彼はあらゆるものにもう一度名前を付けなければならなくなりました。そのときに対象に与えられた名前は，彼が以前使用していたものと同じでしたが，「新しい」名前には発見の感覚はありませんでした。それらはもはや見えていたので，その対象が何であるかをなんとかして知らなければならないというその全過程を回避して，単にその対象に名前が添えられただけでした。

　だから他の人たちがある対象の名前を用いるときは，その人たちは見えるものをそれと認識した彼ら自身の経験を語っているのでした。それとはまったく異なる，以前には独力でものごとをなんとかして見分けなければならなかったという経験を伝える術は彼には何もありませんでした。しかし彼が私に話していることへの私の反応から，**発見**という内的言語と**名づける**という外的言語の彼にとっての差異を，いまや私が理解しはじめていると感じられたのでした。私がこの差異を理解できていることに彼は深く感動しました。

その後すぐに，Ｆさんは夢を見ました。

　この夢では彼は，妻とふたりの子どもと一緒に新しい家を見に行っていました。まず彼は，その家は居心地がよくないようだと心配しました。子どもたちの寝室が両親の寝室に十分近いところにないのです。だから夜に大声で呼んでも聞こえそうにありません。それから，これまで見なかったひとつの部屋を発見しました。そこは，まさに最適でした。両親の部屋の隣りでした。どうやらその家は，探し求めていたものにぴったりのようでした。

夢は続いていました：

　一階は素晴らしい部屋でした。庭に向かって開いた大きなフランス窓（ドア兼用の両開きの大窓）があり，**その庭はそのまま続いて家に入ってきました。**

その夢の連想で，まずＦさんは分析での最初の体験を話しました。彼の苦悩の叫びを聞き取る親‐人物に十分近いところに，彼のなかの子どものための場所を彼が探し出せるように私が手助けしていたと感じたのでした。彼はいまやいっそうの安心を感じ始めていました。もはや孤立しているとは感じていませんでした。Ｆさんはその庭の部屋について話しました：

　その庭は，内側と外側のあいだの架け橋を形作っていました。ふたつの言語についてのあなたの理解も，ひとつの架け橋をもたらしていました。

私は付け加えました。：

　ええ，あなたの幼いころの孤立した世界を含む内側の世界と，他の人たちの世界とのあいだの架け橋ですね。

Fさんは熱意を込めて同意しました。それ以来彼は架け橋のこの発見を，分析で成し遂げたもっとも根本的なもののひとつとして言及しました。

このとき以降分析で起こったほとんどのことは，Fさんが幼い頃に舐めてきた苦難に誰も触れなかったという経験に焦点づけられました。しかし，彼の早期の世界に私が触れ始めたという彼の発見は，彼が住んでいた世界の性質を，誰も理解できないとまさに思えていた子ども時代に失われていたものを，浮かび上がらせるという難しい問題も呼び起こしたのでした。彼は私が理解できたことに深く安心しましたが，それだけではなく，極度の痛みも感じました。これは，**対照の痛み** *the pain of contrast* として私が考えるようになったもののためだと私は思います。

○コメント
患者たちがよい経験のただなかでひどい苦悩を感じるときがある，と私はたびたび感じてきました。分析家のなかにはこの事実を，**羨望**というところからあまりにもたやすく解釈したり，結局のところ羨望の表現型であると大概理解されてしまう**陰性治療反応**と決めつけて容易に解釈する人たちがいます。けれども私には，この明らかな陰性の応答について，まったく異なる説明ができるときがあるように思えます。患者が分析家とのあいだで何かよい経験をしているとき，その**対照として**，患者の幼児期にこの種のよい経験がどれほどたくさん失われてきたかを切実に感じさせてしまうのです。以前に失われていたものを見つけ出し，その喪失を経験することにはものすごい苦痛がありましょう。

この分析の興味深い成果は，少なくともここに描いたFさんとの作業のこの部分においては，解釈の異なる性質にとくに見出されました。たとえばFさんが独力では見えなかったものを私が解釈しようとしたとき，彼自身の焦点の合っていない世界から，ものがもっとはっきりと見えるということに価値が与えられている世界に，私が彼を移そうとしているかのように彼はしばしば経験しました。しかしこれは，自分たちが見ているように彼にものを見

させようとする一方で，彼のぼんやりした世界の現実をずっと否定していたようであった両親との彼の経験に，混乱させてしまうほどに近いものでした。ここには，両親が自分たちの外的世界に導こうとすることが，それと同時に彼が知っていた世界での経験を両親が否定してしまっているという皮肉な結果がありました。

　それゆえにかなり長い間，はっきり見ることを優先させないでおく心構えが私に必要でした。こうして私は患者によって彼のぼんやりした世界のなかに引き込まれ，そこで彼が経験しているまったく異なる現実に引き込まれました。

　その焦点の定まらない世界においてこそ，おぼろに見分けられただけではあっても，対象の名前を彼は学べたのでした。そのぼんやりした世界で，決まったある動きをした形は，最初は猫か犬のどちらかでした。ほんの徐々に彼はそれがどっちかを見分けられるようになりました。そうできたことは，彼にとって重要な達成だったのです。それゆえに彼の「猫」と「犬」という言葉は，発見の全過程に授けた名前でした。これらを，彼は「中身の詰まった言葉」と考えるようになりました。しかし，見える世界での「猫」と「犬」という名前は，彼にとってまったく異なるものを意味するようになりました。他の人たちは，自分たちに見えるものに名前を付けるためにこれらの言葉を使用していました。一方彼がそのように使用したとき，それらの言葉は*彼にとって*，まさに「空っぽの言葉」でした。発見の感覚はまったくありませんでした。

　この分析で患者が得たものは，自力で理解できていなかったところを私が解釈できたということだけではありませんでした。彼にとってもっとはるかに価値があったと思えたのは，彼の目が見える前の世界の言葉を私が学びえたその程度であり，以前には決して誰にも伝えられないと彼には思えていたことがコミュニケートできるのだと，私とともに発見できたことのようでした。

8．知っていることの彼方の知らないこと

ボラス Bollas の処女作『対象の影』に書かれていたひとつの文章を思い出します。

> 私たち各自のなかに，**知っていると思っていること**と，**知っているが決して考えられないこと**とのあいだの根本的な分割がある。転移と逆転移の過程では，精神分析家は，知られているが考えられないものを思考へと移すよう働きかけることができるだろう。そして患者は，それまで考えられなかった自分の存在についての何かを思考にすることができるようになるだろう。
>
> （Bollas, 1987：282）

　この一節でボラスは，おもに患者のなかの知らないことについて記述しています。本章で私は，**分析家にとって知られないままのもの**のほうに関心を向けましたが，それは自分の経験や理解の彼方に存在しているものを分析家が認めそこなうときに生じるのです。

　もちろん分析家は，患者に属していないものを患者に押しつけないように訓練されています。とくに自分自身に属するものを患者のせいにしないように，あるいは転移対象として患者を使わないよう訓練されています。しかし分析家のパーソナルな経験や感情からの危険は，そんなに多くありません。むしろ**他の臨床経験――あるいは理論が，患者に転移され投影されそうな危険**があるのです。（分析家からの）もうひとつの転移としての，理論や私たち自身の経験をこのように誤って使用することを私は言っています。つまり他のところからの理解が，必ずしもそれがあてはまらない患者に押し込まれるのです。ここで問題にしているのは，実践の知は臨床経験から自然に生じてくるものですが，そこにおいてもよそからのこの理解が誤ってあてはめられたときを認識しそこなってしまうこともあるとのことなのです。

　分析家たちは，典型的な転移や投影にはまりこまないよう注意しているに

もかかわらず，理論的枠組みや臨床経験の広い応用可能性に誤った信頼感をはびこらせてしまってもいるのです。もちろんいかなる分析においても，理論と臨床経験にとってふさわしい本質的な場があります。しかし，ある分析家たちにとっては（私は自分自身をそのひとりと思っていますが），その個人を理解していこうとする職務において，それらは二次的なものなのです。それゆえ私は，そうすべきだと私に理論（とか誰か）が示唆するという理由だけで，決まったある見方で患者を見るように自分自身をしむけてしまわないでいたいと思っています。どの患者も，本質的に唯一無二なのです。私たちがどれほどよくその個人を知るようになったとしても，個人はそれゆえまだ，不可思議なところをどこか残しているのです。だからこそ，たとえ理論が分析の仕事に役立ち，そして重要な位置にあるとしても，あまりに理論に支配されすぎないようにありたいと私は望んでいるのです。

9．知らないことの大切さ

とりわけウィニコットは，私たちが知ろうとし続けている患者について，知らないという水準を維持しておくことの大切さを喚起してきましたが，それは，あらゆる分析のすべての患者に当てはまります[原注3]。ビオンも，彼流の表現で同じ重要性を述べました。

> ぼんやりとした問題に解決をもたらそうと，輝かしく知性ある知識の光を持ち込もうとする代わりに，「光」──暗闇に貫通する光線，サーチライトでの探照──を弱めていくことを私は提案します。……暗闇がすっかり行き渡るなら，光を発する絶対的空に達するでしょう。そのため，もし物体 object が存在するならば，どんなに微かでもそれはとてもはっきりと浮かび上がるでしょう。このようにとても弱々しい光が，真暗闇の頂点で目に見えるようになるでしょう。
> 　　　　　　　　　　　　　　　　　　　　　　　　　（Bion 1974：37）

[原注3] 認知心理学者たちは，今日よく似たコンセプトを持って働いていると私は思う。すなわち臨床家は自分自身の仮説に挑戦し，自分が作った仮説を繰り返し吟味し直そうとしていくべきであり，そしてそれに応じて─ほぼ連続する根拠に基づいて─そのケースの概念化を調整していくべきであるとのことである。たとえば Beck（1995）や Persons（1989）を参照。

第9章　知っていることの彼方の知らないこと　**173**

　こころの中にしまい込んでいた打ちひしがれた経験，あるいは意識にこぼれ出たすさまじい混沌や混乱を抱えて分析にやって来る患者たちがいます。分析家がなじみある理論で自分を守るよりもこれらの経験に誠実にかかわろうとするのなら，すべてが無意味のように思われるそのまっただなかに意味の微かな光を探し求める必要があります。また患者が持ち出してきたものによっては，分析家の自分自身についての見方もしくは理論や技法に関する先入観を揺さぶることで，気も動転するほどに分析家を脅かすかもしれません。

　たとえば，それは，記憶についての確立された理論に逆らうものかもしれない新鮮な理解を必要とする早期外傷の原始的な刷り込みであるかもしれません。このことをわかるためにはおそらく，身体記憶という考えをもっと真剣に取り上げる必要があります[原注4]。つまり，「悪魔的」と描いてきた極度な性的虐待といったような，信じがたいものとずっと見なしたくなってしまう外傷の細部に直面させられるかもしれません。分析家にとっては，こうした恐ろしい虐待話のなかに真実が**ときとして**存在しているのだとあえて信じるよりも，無意識の空想という理論にしがみついたり，患者を精神病と診断するほうがずっと気楽なのです[原注5]。あるいはその対極には，精神分析理論がその**すべてを実際に**説明してしまえるのかと私たちに迫ってくるであろう（宗教的な，霊的な）言い表しがたい経験がありましょう。こうした状況においては，私たちの言葉そのままの知識や，理解のための適切な理論をはるかに越えた経験という領域に出会うでしょう。

　同様に，分析にふさわしいと私たちが見なす方法を越えたやりかたで，もしくは私たちの普段の技法を心底試すようなやりかたで，患者に使用されて

原注4）　本論文を初めて書いたときは，私は**暗黙の記憶**という比較的新しい概念をよく知らなかった。Polly は書いている；もし表在的/明示的 explicit 記憶と呼ばれているものが，私たちが意識している経験の様相の記憶であるなら，それとは対照的に，非-表在的，あるいは暗黙的 implicit と言われるような記憶は，非意識的に処理されている経験の様相の記憶である。……これの意味することは，ある情報はその発生を意識的に気づかれることなしに記憶に貯えられるということである。それは意識されることなしに現在働いている機能に影響を与えうるが，意識的想起とは感じられない。暗黙の記憶は脳の異なったシステムでそれぞれ処理されている姿形（初期記憶）や情動（情緒的記憶）や技能，習慣，手順通りの仕事（手順をふむ記憶）に関する記憶を含んでいる（Pally，1997；1228）。

原注5）　「知りたくないという願いについて」（Casement，1994）を参照。

いる自分に気づくかもしれません。たとえば，私は（かなりの長期間）一切解釈をしないようにある患者に説き伏せられました。それに替わって私は，（ほとんど沈黙のまま）来る日も来る日も耳を傾けました。話すことはほとんど認められず，私に語られたことの本質を私が認めているのを示すことだけが許されました。ひどく奇妙な感じでしたし，あたかも私はすっかりインポテンツにされたようでした。あるいは，患者の支配願望と私が共謀していたと言われるかもしれません。それでも分析は続き，私こそが理解をもたらす人であるべきだとずっと想像していたときよりも，この分析がずっと実りあるものとなっていることをあとになって証明しはじめました。加えて，この患者の母親は実際まったく耳が聞こえなかったとのことは無視できないでしょう。

おわりに

本章のタイトルには，間接的にしかアプローチできませんでした。もちろん「知らないこと」に出会う前に，知らないことを知ることはできません。私たちがすでに知っているところから**だけ**で分析作業を進めるならば，分析において「知らないこと」に決して出会わないだろうというのが私の論点です。ですから，私たちにできる最善のことは，知識から生じる問題を，私たちの人生経験，臨床経験，訓練のいずれに基づいているものかを，きちんと見定めることです。ときとしてこれらのすべてを越えているところにこそ，特に，その何かがすでに知っていることに合わないときに，患者についての知らないことが存在しています。しかし，知らないことにビオンの言う「光」が見出されたとき，その光は**分析家からではなく患者からもたらされるものですが**，知らないことから重要な学びを手に入れるのです。

最後になりますが，私たちが以前は知らなかったものにきちんと取り組んでいるのなら，私たちは**それによって変化させられます**。なぜなら，それが私たちに挑んでくるからです。私たちが自分自身をどのように見て，患者をどのように見て，自分の理論や技法をどのように見ているかとのことが挑ま

れるのです。この挑戦に抵抗するのなら，それがいかなるものにしても私たちがいまそのとき考えていることを脅かしてくるものが持つ重要性を見失うでしょう。私たちがまだ適当な地図を持たない経験の領域において，知らないことの挑戦にオープンに出会えないなら，考え方や働き方を私たちが広げていく危険を冒すよう私たちに求めている患者に対して，私たちは何ができるのでしょうか？

　しかしながら私たちが，患者を引っ張っていこうとしないで注意深くついていこうとするなら，慣れ親しんでいることを越えてみようと思い切れるのです。のちになって私たちがどこにたどり着き，それまでどこにいたのかを発見するまで，私たちはさっぱりわからなかったり，迷ってしまったりする危険にさらされます。またＦさんのような患者から学ぼうとする志が私たちにあるなら，すでに知っていることの彼方に存在している領域にたくさんの学ぶものを得るのです。こうして，容易に知りうるものに私たちが名前を与えるだけに過ぎないこと，もしくは私たちが解釈と呼んでいる過程をよりよく越えていけるようになるでしょう。

エピローグ　何処(いずこ)へ

患者がもっともたどり着いてもらいたいところに，私たちは近づいていますか？

- 精神分析によって最大の恩恵を受けるのは誰でしょうか？　患者でしょうか，それとも分析家のほうだったりするときがあるのでしょうか？
- 理論を私たちの主人にすることなく召使いにし続けつつ患者ひとりひとりの個性に十分開かれたままであるよりも，理論を信用するために患者を使っているという危険に陥っていませんか？
- 解釈への患者の反応をじっくり考えているときに，私たちが語ってきている内容の彼方にどれだけ進んで目を向けるようにしていますか？　患者は，**何を**私たちが語っているかよりも，**どのように**語っているかにもっと反応しているのかもしれません。
- こころの変化は，無意識に意識的な気づきをもたらす解釈にどの程度基づいているのでしょうか，また，分析関係においての患者の経験にどの程度基づいているのでしょうか？
- 変化が生じるのに，分析関係自体はどんな役割を果たしていますか？　分析関係が患者に利益をもたらしているとするなら，分析関係は，どの程度分析過程の中核因子であり，どの程度分析過程の副産物にすぎないのでしょうか？
- 患者が分析家と対立するとき，その対立はいつも分析への抵抗や攻撃と見なされますか，それとも，もっとよく理解されようとする試みのときもあるのではありませんか？
- 患者が遅刻するとき，それは抵抗といつでも見られるべきでしょうか，それとも分析家によって定められた時間よりも患者が自分の都合のよい時間

に来ているときもありませんか？　そうであるなら，それはいつでも悪いことなのでしょうか，ときには肯定的なものもそこにあるのではありませんか？
- 患者に「そんなことはわかりきっていると受け取られる」ことには，軽蔑があるにちがいないのでしょうか。信頼からの態度というときはないのでしょうか？
- 患者がカウチの使用を拒絶したり，カウチから降りてしまうとき，それは必ず抵抗と見なされなければならないのでしょうか。患者が少なくともしばらくのあいだ，分析作業の違ったやりかたを求めているのではありませんか？
- ある行動化を解釈するとき，私たちは解釈を通して行動化を止めようとしていますか，それとも理解しようとしていますか？
- エナクトメントにはまり込んでしまっている同僚について聞くなら，これは当然一方の逆転移の問題を伝えているともっぱら考えますか。それとも分析過程の一部として，もっとよく理解されるかもしれない患者と分析家のあいだの無意識の相互作用も考慮に入れますか？
- 分析作業のしかたが明らかにまちがっている人に会っているとき，この困難な仕事の私たちがまだ出会っていないかもしれない局面に，その人たちが触れていることもあるのではないでしょうか？
- 臨床素材についての対立した見方があるとき，一方は正しく，他方はまちがっていると見なされなければなりませんか？　それぞれに価値ある要素はありませんか？
- 分析の種類によって差異があるのなら，一方が他方よりも精神分析に関して本物なのでしょうか？　そうだとすれば，どちらがより本物なのでしょうか？　そこで，この差異を乗り越えて，それぞれからまだ学べるのでしょうか？　それとも，それぞれが潜在的な可能性を秘めた臨床実践へともっと自由に発展していける分岐点があるのでしょうか？
- 精神分析はいまだ科学と見なされていますか。そうならば，どの分野の科学なのでしょうか？　分析概念を，個人にもっと適切に適合させておく必

要があるときに，またもっと注意深くあるべきときに，分析家があまりにもたやすく世間全般にそれらの概念を適用してしまう結果，まったく深刻な誤った考えが生じてしまったりしていないでしょうか？
- 患者や人生を他の人よりもずっと深く理解していると称することにおいて，面接室のなかでも外でも，分析家はみずからの権威の使用について十分に慎重ですか？
- 分析家は自分がまちがっているかもしれないときを認めるだけの心準備がありますか？　それとも自分自身というよりも他の人たちの失敗であると決め込み続けますか？
- 分析がうまく進んでいるとき，この進展での患者の役割に関して患者に十分な評価を与えていますか，それとも功績のほとんどを自分自身に与えていますか？　また，まずくなっているとき，まずくなっていることへの私たち自身の役割に関する責任を受け入れますか，それとも，たいていは患者を責めませんか？

これらの問いは，私たちの理論や働きかたにおいての自己満足を回避するよう手助けしてくれる質問のいくつかにすぎません。もちろん，他にもたくさんあります。しかし私にとって何より優先する問いとは：

- 分析や心理療法を求めて私たちのところにやって来る人たちのこころと創造性を真に自由にするやりかたを見出していますか？
- 私たちが自分自身のある型へと他の人たちを変えてしまおうとするために，私たちが見てきたとおりに*彼ら*が自分自身を見てしまうようになる，その危険に対して私たちは十分警戒していますか？

このような質問が，異議として私たちに向かって挑戦的に向けられるよう開かれたままにされ続けるなら，もっとも実り豊かになるであろうと私は信じています。こうした質問なら答えられるとただちに決め込んでしまって自分自身を防御しようとするなら，私たちは大切なものを失ってしまいます。

付録論文
早期心的外傷の復活のときに身体接触を求めるという分析家への重圧[原注1]

　患者との身体接触は，それがたとえ形だけのものに過ぎないとしても，禁欲という古典規則のもとに，疑問を感じることなく必ず排除されるべきなのでしょうか。それともマーガレット・リトルが妄想性転移というエピソードと関連づけて示唆している（1957, 1958）ように，もしくはバリントやウィニコットが深い退行の時期との関連で述べている（たとえば，Balint 1952, 1968 Winnicott 1954a, 1963a）ように，身体接触が好ましい，むしろ必要でさえある機会があるのでしょうか。

　身体接触の可能性が開かれた争点として持ちかけられた臨床経過をここに提示します。それは，患者が私の手を抱いてもよいと許される場合のようでした。このことを再考する決心に私は，患者に耳を傾けることと逆転移からの利用できるヒントにぴったりとついていくことで到りました。臨床素材は，この決心に内包された問題点をはっきりと描き出しています。

　Bさんと呼ぶ患者は30代の既婚女性です。2年半ほど分析を受けていました。この分析の2年目のあいだに息子が生まれました。

　Bさんは生後11カ月のとき，母親が部屋を離れて居なかった間にひっかけて熱湯を身体に浴び，ひどい火傷をおってしまいました。火傷は，死んでも不思議ではないほどのひどいものでした。17カ月のとき，Bさんは壊死した瘢痕組織から成長していく皮膚を解放するための手術を受けねばなりませんでした。この手術は局所麻酔でなされました。この最中に，母親は気を失ったのでした（生活史での関連した事実として，生後の5年間，父親はほぼ不在でした）。

原注1)　国際精神分析評論誌9：279-86からの転載である。

夏期休暇が明けてすぐ，Ｂさんは次の夢を語りました：「*私は絶望している子どもに，食べさせようとしていました*」。その子は立っていて，*生後10カ月ほどでした。その子が男の子か女の子かはよくわかりませんでした*。Ｂさんはその歳の子どもについて思いをめぐらしました。息子はもうすこしで10カ月でした。すでに立っていました。彼女も10カ月のときには立っていたようでした（それはあの事故の前のようでした）。どうして夢のなかの子どもはあんなに絶望していたのだろうか，と彼女は私に尋ねました。息子はとても元気ですし，あの事故までは彼女もふつうに幸せな子どもだったと彼女は思いました。このことから私は，事故以前の子ども時代を理想化して見ることにＢさんがひどく固執しているのを思い出しました。彼女がこの理想化にあえて疑問を投げかけていると私は考えました。それゆえ私は，どうやら彼女があの事故以前のころに思いをめぐらし始めているようだ，おそらく彼女がいつも思っておこうとしていたほどには，あのころすべてがとても幸せであるというようにはいかなかったのだろうと伝えました。ただちに手を挙げて，やめるよう彼女は私に合図しました。

　これに続く沈黙のあいだ，なぜ今この不安があるのかを私は考えました。あの事故の前をすべて順調によいものと見るのでなければいまだ見たくないとの患者の強い思いがあるのでしょうか。それはありうるかもしれないと思いました。ちょっと間を置いて，あたかもあとで起こった悪いことからその前にあったよいことを，完璧に分けておかねばならないといまだ感じているかのように，事故の前のころにわずかでも悪い体験があったと知るのを彼女は恐れているように思える，と私は言いました。彼女は黙って耳を傾け，そのセッションの残りの時間にはとくに目にとまる反応は見せませんでした。

　その翌日，Ｂさんはひどい恐怖を顔に浮かべてセッションにやってきました。このセッション，さらにこれに続く５回のセッションでは彼女はカウチに横たわれませんでした。やめるように合図したあとも私が話し続けたとき，母親が気を失ったあと，それを省みず手術を続けた外科医としての私がいる手術台にカウチが「なってしまいました」と彼女は説明しました。「その体験がまだ続いているので」横たわれません。もはや何ものにもそれは止めら

ないと彼女は確信していました。座ったままのセッションのあるときに，Ｂさんは山腹に建てられた高い支え壁がある彼女の別荘の写真を私に見せました。この家が転落しないよう保つためには壁が不可欠であるそのありさまを彼女は強調しました。彼女は，とどまることなく落ち続ける[原注2]のではと怯えていました。母親が気を失ってしまったあと，それが自分に起こったのだと彼女は感じていました。

　（ここで述べておきたいのですが，手術のあいだに母親が彼女の視野から消え落ちていったとき，母親が死んでしまったと思ったことや，刃物で彼女を殺そうとしているように思える外科医から守ってくれる人はまったくおらず，ひとりぼっちであると感じたありさまをＢさんは以前に思い出していたのでした）。このセッションではいまやＢさんは，以前にはまったくふれなかったその体験をくわしく話しました。手術が始まったとき，母親は両手で彼女の両手を抱いていたのでしたが，母親が気を失い見えなくなってしまうにつれて，自分の手から母親の手がすべり落ちていくと気がついたときのひどい恐怖をＢさんは覚えていました。それ以来母親の手をもう一度見つけようとし続けてきたと彼女はいまや考え，そこで自分には身体接触がいかに重要かを力説しはじめました。手術体験のこの復活をやり遂げられるように，必要なら私の手を抱くことができるとわかるのでないなら，カウチには横たわれないと彼女は言いました。この求めを私は許すべきでしょうか，それとも断るべきでしょうか。私が断るなら分析を続けられるのかどうか，彼女にはわかりませんでした。

　私ははじめに，強い不安で私に「触れていて」ほしいと彼女が望んでいるのはわかっていますと伝えました。しかし彼女は，私が実際に彼女が手を抱くのを許すのかどうかを知る必要があると主張しました。この事態は金曜日のセッションの終わりごろのことだったので，私は高まっていく重圧を感じましたし，この患者が分析をやめるかもしれないと恐れ始めました。続く私

原注2）　「とどまることなく落ち続ける」falling for ever は，「ばらばらになってしまう」going to pieces，「身体とのつながりがまったくなくなってしまう」，「どうしたらいいのか，わからない」とともに，「考えようのない不安」unthinkable anxieties のひとつとして Winnicott は言及している（1962, p.58）。

の発言はまったくあいまいなものでした。分析家によっては許可することを考えもしないだろうが，この体験をやり遂げるための唯一の方法に思えるのなら，彼女には私の手を抱ける見込みを得ておく必要があると私はわかっていると伝えたのでした。私の言葉で彼女は安らぎを見せました[原注3]。

　この週末のあいだ，患者が私の手を抱くであろうことの含蓄を私は再検討してみました。この問題にまつわる逆転移を熟考してみて，次のようなキー・ポイントを把握するにいたりました。(1) 起こったことに耐えられなかった実際の母親とは対照的に，彼女の手を抱き続ける「よりよい母親」を私は提供しようとしていました。(2) 私の申し出は部分的には，この患者を失うとの私の恐れに動機づけられていました。というのは，ちょうどそのころ，精神分析協会で私はこの患者にまつわる論文を発表しようとしていたところだったので，私には患者を失うことがとくに脅威だったのです。(3) もし私がこの患者の手を抱いたとしたのなら，彼女が思っているようには，そもそもの外傷の再体験を彼女がやり遂げるよう援助することには，まずもってなりません（この問題の核心は，母親の手がなかったことにありました）。代わりにこれは，外傷のこの側面を迂回してしまうことになってしまうでしょうし，このやりかたはその体験はそのまま覚えていたり体験されるには，あまりに恐ろしすぎるものと彼女が知覚しておくのをさらに強化してしまうでしょう。そこで私は，できるだけ早い機会にこの申し出の含蓄を患者とともに見直さなければならないとこころに決めました。

　日曜日に彼女が自分で届けた手紙を私は受け取りました。そのなかでは彼女は，絶望している子どもについての別の夢を見たが，今回は希望の兆しがあったと伝えていました。「**その子はたどりつけるとの期待に気持ちを高ぶらせながら，ある静止している人物に向かって這っていました**」。

　月曜日，Bさんは夢のおかげでこころがやや安らいではいましたが，カウチにすわったままでした。彼女は夢の主要な人物を，見失った母親を表している私であると見ていました。私がこの夢を知るのを待たせたくなかったと

原注3) このとき私は，Eissler（1953）の用語での許される「パラメーター」であると，私の手を抱ける見込みを提供することを考えていた。

も彼女は強く言いました。私は，私が安心させられるまでとても待てないだろうと彼女が恐れていたことを解釈し，彼女はそれに同意しました。彼女が希望を抱き始めていることを知らせてもらえないで月曜日まで私が置いておかれるのなら，あの金曜日のセッションの重たさに週末には，私は気を失ってしまっているかもしれないと彼女はひどく不安に思っていたのでした。

　このセッションが進むにつれてはっきりしてきたのは，Ｂさんが私の手を抱ける見込みを，安心を感じるための「近道」と感じているとの印象でした。私に，あの静止した人物であってもらいたいのでしたし，その人物は彼女にコントロールされていて動けないので，私に触れることがついに許されるとの期待に燃えながら這って彼女は向かっていけるのでした。それからＢさんはあるイメージを報告しましたが，それは書きつけられた夢の，このセッションのなかでの続きでした。彼女はあの主要な人物に夢の子どもが届くのを見ましたが，その子が触れたところ，その人物はぼろぼろと崩れてしまいました。この報告という私を導くヒントから，私は彼女に伝えました：このことをとても慎重に考えたこと，その上で結論に達したのだが，私の手を提供しうることが彼女がとても恐れているあの体験をやり遂げる道を彼女に授けるように思えていたのだが実はそうではなく，それはあの体験を生き抜くよりもこれまでそうだったようにあの体験を迂回するものになってしまうことが今ではわかった。もともとの体験のこの中核局面を避けるよう私がうながしているのなら，その私は彼女の分析家として彼女を抱き落としてしまうことになるとわかった。それゆえ手を抱ける見込みを彼女の意のままにしておくことは考えていない，と。Ｂさんは，呆然となりました。私が今やったことがわかっているのかと彼女は尋ねてきました。私は，ちょうど母親がしたように，彼女から私の手を引き離したのであり，これは彼女のやり遂げようとしていることに触れ続けておくことに私も耐えられないゆえにちがいないと彼女は即座に考えました。私が何を言おうとも，彼女に触れさせておくのを私が恐れているとの彼女の憶測は変わりませんでした。

　その翌日，私の発言への彼女の反応はすさまじいものでした。カウチにいまだ座り続けながら，（私に近いほうの）左腕が「湯気をたてている」と私に

言いました。私は彼女に火傷させたのでした。私の解釈を彼女はまったく受け付けませんでした。私からの実際の身体による対応だけが，この状況をどうにかできそうでした。セッションで彼女にいま起こっていることから逃れたいので分析をやめたいと彼女は望みました。彼女は，もう二度と私を信頼できそうにありませんでした。私は彼女に解釈しようと試みました：母親への彼女の信頼，それはあの事故のあと壊れそうな危うい形で修復されていたのだが，母親が気を失ってしまったあとは，それがついに壊れてしまったように思える。彼女への母親のこの究極の裏切りこそが，その後の母親との関係の妨げになったものだった。このことゆえに，この未解決の信頼への裏切りが修復されうるとのことを見出すために，彼女が私との再演の過程に今いると私は感じている，と。彼女は耳を傾け，理解してうなずきましたが，もはや修復はできないと繰り返しました。

　その翌日，Bさんは私が引いてしまっているといまだ見て，激しく怒りました。私の手を抱ける見込みは，彼女にとっては実際に抱くことと同じでした。その申し出を乱用することはないと彼女は確信を抱いていました。手を抱くのを許すこころの準備が私にあることこそが彼女にとても重要だったのでしたが，私のこころ変わりは彼女には，彼女がつかんでおく必要があった手を私が実際に払い落としてしまったことになったのでした。いまや私は，恐れ始めている母親なのでした。彼女の腕は燃えているようでした。彼女にとっては，私も自分自身が彼女とともに焼けてしまうことを恐れているようでした。

　Bさんが言うには，前日私とのセッションのすぐあと，「すっかり死んでしまいたく」なりました。もう生きていけないと感じたときにいつでも会いに行ってよいとの許可をある友人に頼むことで，ようやくこの考えから抜け出られたのでした。結局，彼女は友人に会わずにすみました。友人が利用できるとのことこそが，彼女を自殺から守ってくれたのでした。それから彼女は，その友人は正しく理解したとの事実でもって私をとがめました。どうして私にはできないのか，と。私は伝えました：彼女はほかの人たちにしてもらえることは私には求めていない。私には違うものを求めている。「より

よい母親」の提供によって彼女の怒りを買収したりしないことを求めている。もはやしがみつく母親の手がないという復活している体験全体を通して私が彼女ととどまっているためには，私が彼女の怒りや絶望を恐れないことこそが重要である。「うわべだけふりをしている」母親としての私といるよりも，私が分析家であり続けることを彼女は必要としている。彼女が体験していることや私に感じていることから，私が自分を守る必要を感じていると思わせるようなことを私が何もしないことがとても大切である，と。彼女は耳を傾け，それからおだやかになりました。その後，セッションを去るほんの直前に，カウチに横たわりました。こうして彼女は，ふたたび横たわる姿勢をとったのでした。

　次の2週間をここに要約してみます。Bさんは，「迷子になって，共通語を見つけ出せない見知らぬ人たちのなかで危険を感じている」との夢を見ました。私は，私が彼女とのあいだに共通語を見出せるだろうかとの彼女の不安を解釈しました。あるセッションでは彼女は，石の涙を流して泣いている子どもの視覚イメージを浮かべましたが，それを私は，恐怖のあまりに石のように身をすくませた子ども（彼女自身）として解釈しました（訳者注：石のラテン語起源の動詞形 petrify は，石化する，恐怖で身をすくませるとの意味をもつ）。彼女は「赤ちゃんが落とされて死んでしまう」との夢を見ました。「自分がとても小さくて，欲しい唯一の食べ物を与えられず拒否される」夢を見ました。**その食物を彼女に与えようとしない背の高い人物だけがそこにいました**（訳者注：著者は背が高い）。別の夢では，**なにかの爆発が起こりそうで彼女はひどく怯えていました**。これらを通して彼女は，決して私を信じられるようにはならないと固く確信しつづけていましたし，私が彼女を恐れていると体験していました。このことに並行して，夫が分析のためにたくさんのひどい「はねっかえり」をこうむっているにもかかわらず，分析を続けるようとてもサポートしてくれるようになっていると私に言いました。この逸話はまったく新しいものでした。私は，彼女がどこかで，分析において彼女からのひどいはねっかえりを受け取れる私に気づき始めるようになっていると解釈しました。

このすぐあと，Bさんは同じセッションで次のふたつの夢を報告しました。第一の夢では，「*混沌になんらかの秩序をもたらそうと，彼女はある子どもを母親に会いに毎日連れて行っている*」というもので，それを私は，いまだ信頼できない母親としての私に向けている彼女の混沌とした感情を整理していくために，私のところに彼女が彼女の子どもの自己を連れてきていると解釈しました。この解釈に彼女は同意しましたが，その子の手を引いて私のところに連れてきているのではないと付け加えました。彼女は子どもの自己を，その髪をつかんで連れてこなければなりませんでした。第二の夢では，「*彼女は空を落ちており，パラシュートが彼女を支えているし，上から見ている一台のヘリコプターがいるとの事実にもかかわらず，自分は死んでしまうにちがいないと確信していました*」。彼女はこの矛盾（実際には安全であるにもかかわらず，死んでしまうとの確信）に気づいたのですが，このことも夢のなかでのひどく怯えた感情を止められませんでしたし，セッションではいまだ私をひどく恐れていました。こころの内側では死んでしまうと彼女がいまだ確信しているのに，それを私がわかっているのかが彼女にはわからない，と彼女は力説しました。

　続く月曜日，Bさんは夢を語りました。その夢では，*もう続けられないので最後のセッションに彼女はやってきていました。彼女は限りなく落ち始めました。カウチも部屋も一緒に落ちていきます。それには底も終わりもありませんでした。*

　翌日，患者は自分が狂ってきていると感じました。彼女は，「*彼女と私のあいだに一枚のガラスがあって，それで彼女は私に触れることもはっきり私を見ることもできない，そのガラスは嵐のなかのワイパーのない車のフロントガラスのようだ*」という夢を見ました。私は解釈しました：彼女の内側の感情の嵐によって築かれた彼女と私のあいだのバリアーのために，彼女が感じていることに私が触れられるとは彼女には感じられないし，このバリアーが，ちょうど母親とのあいだであったように，彼女が私をはっきり見るのを妨げている，と。彼女は同意し，それからもはや抑えられない泣き声をあげ，カウチの上で身をよじり，苦痛に身もだえしました。このセッションの終わ

りには，彼女がこれほどの苦悩を体験していくのに私がとても耐えられそうもないと彼女はひどく狼狽し始めました。

　金曜日に彼女は，職場の新人について話しました。彼女はその彼に，どのくらいの期間訓練を受けてきたかを尋ねました。そこでは，彼が信任できるかどうかを尋ねていたのだと気がつきました。私は彼女に，私を信任できるか不安なこと，私が彼女をずっと最後まで見続けられるだけの必要な経験を積んでいるかどうかに不安であることを解釈しました。彼女が信任という言葉を使ったのはおそらく，「信じる」ことをほのめかしたのだろうと私は付け加えました。「もちろん，信じるということです」と彼女は返事しました。彼女は，私がずっと見続けられると信じたいし，私を信任したい，でもいまだできませんと答えました。

　次の週Bさんは，もう続けられそうもないと言い続けました。週末には恐ろしい夢をたくさん見たのでした。次の日，またもやセッションのあいだ彼女は座っていました。このセッションのかなりで，彼女はひどく妄想的なようでした。現実意識ははかないものでした。セッションの大半で彼女は子どもでした。自分は自分の赤ちゃんにただ話しかけるだけじゃない，かかえあげて抱きますと言うことから彼女は始めました。それから私をじっと見つめて，「私は赤ちゃんです。あなたは，私のおかあさんになってもらわねばならない人です。私はあなたにこのことをわかってもらわねばなりません。なぜかというと，あなたが私を抱くこころの準備をしてくれないのなら，私はやっていけないのです。あなたはこのことをわからねばなりません」。彼女は，私をものすごい重圧のもとに置きました。しまいには彼女は私を非難の目で見つめて，「**あなた**は私のおかあさん**ですが**，私を抱いて**いません**」と言いました。

　この間，私についての彼女の知覚の妄想的な性質に私は気づいていました[原注4)]。このセッションでは彼女の私についての体験には，ほとんど「あたかも」という感覚はありませんでしたし，まったくないときもありました。こ

原注4)　この事態について今日私は，転移体験の心的に切迫しているなまなましさという点から理解している。

の体験を転移として，子ども時代の体験の復活として，私が解釈しようとしても彼女には意味のないことでした。私は彼女を抱いていない母親というだけではなく，私に対してのひどい恐怖においては，私は彼女を殺そうとしているように見える手にナイフを持つ外科医にもなっていました。この時点では，分析家としての私とはまったくふれあいがなくなってしまっているようでした。

　私は，私のジレンマをじっくり考えてみました。もし私が彼女の要求に**折れない**のなら，私は患者を失ってしまうかもしれません。あるいは，彼女はほんとうに精神病になってしまい，入院が必要になるかもしれません。もし私が彼女に**折れる**のなら，私についての彼女の妄想的知覚と結託してしまいますし，外傷の避けられている要因は直面するにはあまりに恐ろしすぎるものとしてカプセルのなかに閉じ込められてしまうでしょう。私は自分がどうすることもできない不可能な立場に置かれていると感じました。しかしながら，ここに働いている投影同一化の過程を認識するようになると，私はこのまったくの無力感から浮かび上がり始めました。ここからようやく，逆転移からの解釈ができるようになりました。とてもゆっくりと，そして患者が私についてきているかをチェックするための間合いを取りながら，私は彼女に言いました：「あなたは，私が私自身のなかにおいて，あなたが感じている，絶望感や続けられないという不可能な感じを体験するようにしています。私にはまったくのパラドックスのように感じられるもののなかに私がいることに，私は気がついています。今あなたに到達することは不可能だと感じてもいますが，もう一方では，私が今伝えていることが，私があなたに到達することのできる唯一の方法かもしれないとも感じています」。私がとても注意深く語ったことに彼女はついてきました。そして，かすかにうなずきました。私はさらに続けました：「同じように，続けることは，もはや不可能であるかのように私は感じています。でも，このことを通してあなたを援助できる唯一の道は，私が感じるようにあなたがしていること，起こっていることに持ちこたえるこころの準備を私がしておくことによってであると私は感じています」。Bさんは，長い沈黙のあと，ふたたび分析家としての私に話し始

めました。「これまでで初めて私は，私が感じてきていることにあなたが触れていると信じることができます。なにより素晴らしいのは，あなたがそれに耐えられることです」と彼女は言いました。そこで私は，彼女にさわらせるようにとの私への絶望的な願いは，彼女がやりとげようとしていることに私に本当に触れていてほしいと私に知らせるための彼女流のやり方であったという解釈ができました。今回は，彼女は同意しました。このセッションの残り十分は，彼女は黙ったままでしたが，私は私がこれをいかなる形でも邪魔しないでおくことが重要であると感じました。

　翌日，Ｂさんはこの沈黙のあいだに起こっていたことを話しました。彼女は母親の存在をにおいで感じることができましたし，母親の手が彼女の手をふたたび抱いていると感じました。まさに意識を失くしてしまう前の母親に触れられるようになったと感じていました。あれ以来，そんな風に抱かれたことはなかったと彼女は感じていました。私は伝えました：ふれあいを失っていた内的な母親を彼女は見つけたし，それは彼女が私になってくれるよう望んでいた「うわべだけふりをしている」母親とははっきりと異なっている。もし私が彼女を身体的に抱くことに同意していたとしたのなら，あたかもこの間を通して彼女とともにいるのに私が耐えられないかのように，彼女にとってだけでなく私にとっても彼女が体験していることを遮断するやりかたであったのだろう，と。彼女は私の話の含蓄をただちにつかみ，答えました。「ええ，あなたは気を失って崩れ落ちた分析家になっていたでしょう。そのときには私はそれがわかっていませんでしたが，あなたが気を失った母親と同じになっていただろうと今ではわかります。あなたがそうならないようにしたことがうれしいんです」

　終わりに，この週の最後のセッションの一部をまとめてみます。Ｂさんは朝気分よく目を覚ましましたが，しばらくしてオペラ「魔弾の射手」からの一節，（彼女の説明では）暗闇への光の勝利を含む筋書き，を口ずさんでいたのでした。彼女は夢も見ました。その夢では**彼女は車に乗っていましたが，その車はそれ自体の生命を持つようになり，制御不能になっていました。その車は，向かいにある交差点に彼女が突っ込んでいかないように防いでくれ**

たバリアーに激突しました。このバリアーは堅固なままで彼女を守ってくれました。もしこれが崩れ落ちていたのなら,彼女は死んでしまっていたでしょう。私が彼女の怒りに満ちた要求に持ちこたえたことに彼女は大きく安堵しました。私が堅固であり続けたことが,彼女がまったく制御不能と感じていたそれ自体の生命をもつようになったあのプロセスを止めることができたのでした。この夢は彼女が,**ふたつのガラス扉のように開いた車のフロントガラスから安全帯へ届いたところで**終わっていました。

討 論

この症例は,作動しているさまざまなダイナミクスの相互作用を描き出しています。身体接触がありうるとの私の初めの申し出は,患者に安易な選択の自由を与えることになるこの申し出を,オープンなままにはしておかないとの私の決断ゆえに,のちには私に原因があると彼女が考えた逆転移性のひきこもりと逆説的に同じ効果をもつようになりました。「拒絶する対象との投影同一化」というビオン(1962)の概念から見ますと,ここでは逆転移は**コンテインドへのコンテイナーの恐怖**となっていました。さらに込み入った圧力は,分析協会でこの患者についての論文をもうすぐ提示する予定になっているという事実から来ていました。この患者が彼女についての論文を私が提示するその直前に分析をやめてしまうなら,あるいは入院しないといけなくなるなら,失敗しているぞと協会でさらし者になってしまうと,私はこころから恐れていました。私の手を抱ける見込みを提示することで,私自身にとってのさらし者の危険を減らそうと私はあがいていました。これはラッカー(1968)の**間接逆転移**という概念の一例ですが,ここでの患者への私の対応は,私によって専門仲間に投影されていた迫害的超自我に幾分影響されていました。

その後の結末にいたる経過は,**役割対応**というサンドラー(1976)の概念による相互交流的観点から,あるいは,**そのときには**原初的な自我が取り込むにはあまりに強烈過ぎて「凍結」しておくしかなかった早期の外傷体験に属している極度な感情を,現在において患者と分析家とのあいだの実際の状

況との関連で体験できることが患者のニードである，というウィニコット（Winnicott, 1954b, 1963b，さらに Winnicott, 1970）の記載の点から，理解できそうです。私の手を抱ける見込みについての初めの申し出を引っ込めたことにおいて，この患者と私とのあいだに，ひとつの現実問題が出現してきました。このことをオリジナルな外傷での中核要因を表しているものとして使うことで，患者は彼女が知覚していたとおりの過去の強烈な現実体験へと入り込んでいきました。そうしたなかで彼女は，今では溶けてきて利用できるようになった彼女自身の感情と，いわば「合流する」ことができたのでした。抑圧されていた過去が現在において，（今度は）彼女が防衛的に心的に不在である必要がなくなった意識的な心的現実となりました。この間私は，母親への彼女のニードの強烈さこそが母親を失神させてしまったとのずっと早い時期の空想を彼女が弱められるように，生き残る分析家であり続ける必要がありましたし，気を失い崩れてしまう分析家になってはなりませんでした。

　このセッションでの究極の解釈での解決は，そのとき作動していた**投影同一化過程**への私の気づきから生じました。ここでは私は，これを，患者が独力では自分のなかにコンテインできなかった耐えられない感情状態を分析家のなかにかき立てることを無意識にめざした，患者からの分析家への相互交流的な圧迫の産物と理解しています（Ogden, 1979 を参照）。もし私が始めのうちに身体接触がありうるかという疑問をオープンに開かれた争点として接近していなかったのなら，この患者の体験の必然的なインパクトに私がここまですっかりさらされたかという点は考えてみてよいことでしょう。もし私が，いかなる境遇にあろうとも身体接触はないという古典規則に従い，すなわち教科書どおりにしていたのなら，私は私自身にとってはより安全な筋道をたどっていたにちがいありませんが，このような接触を考えることさえ恐れていると患者に正確に知覚されていたでしょう。もし私が古典的な「正しさ」という安全な距離のところに，経過を通して私自身を保護しておいたとしたのなら，この早期外傷の復活が患者にとってここまでリアルになったか，結果的にここまで治療効果をあげられたかは疑問に思います。そうはせ

ずに，私はその瞬間の直感にしたがって行動しました。そしてこのことがいかに，彼女が分析関係のなかで体験できる必要があり，こころからの怒りを向ける必要があったオリジナルな外傷のことこまかな細部を，患者とのあいだで正確かつ知らず知らずのうちに再演するように導いていったかは，不気味なほどです。患者からの交流的なヒントへのこの無意識の対応についてサンドラーは論文「逆転移と役割対応」（1976）で言及しています。ウィニコットも言及しています：「つまるところ，患者は分析家の失敗を利用する，しばしばまったくささいなものであり，おそらく患者によって巧みにあやつられたものを……そこで私たちは，ある限られた文脈（コンテクスト）において誤解されていることに耐えねばならない。作動している要因は，そもそもは幼児の万能支配領域の外側にある環境要因として患者にふりかかってきていたものだが今では転移のなかで上演されている，その失敗のため患者がいまや治療者を憎んでいるとのことである。こうして結局私たちは失敗する——患者のやりかたに落第する——ことで成功する。これは，修正体験による治癒という単純な理論とはかけ離れている」（1963b, p259）。

　回復した分析的に抱くことに関して，ひとつの点を付け加えたいと思います。このことには，経験的にまずまちがいのないやりかたに従うよりむしろ，この患者とで体験的にたどり着かれたのですから，身体接触はあってはならないとの古典的な姿勢の正しさを証明した以上のものになりました。代わりに，「途中で」このことは，私が思うにはそうでなければ不可能だったであろうこの早期外傷の全面的な復活を受け入れた，この患者にとっての特異性を獲得しました。

　ビオン（1962）の論文「思索についての理論」の引用で結びたいと思います。ビオンは「乳児が死にかかっていると**感じる**（筆者のイタリック）のなら，乳児は母親のなかに，自分は死にかかっているとの恐怖を喚起しよう。健全な母親なら，これらの恐怖を受け入れ，治療的に対応できる：すなわち，乳児が自分の怯えているパーソナリティが自分に耐えられる形でふたたび戻されるのを受け取っていると感じられるようなやりかたでことをなすのである——こうして，その恐怖は，乳児のパーソナリティがもはや取り扱えるも

のである。これらの投影物に母親が耐えられないなら，乳児は勢いと頻度を増しながら投影同一化を行い続けざるをえない」(114f)，と述べています。そして，さらに続けています。「乳児と乳房の関係が，乳児がある感情——言ってみれば，自分は死にかかっているとの感情——を母親のなかに投影するのを許容し，乳房のなかに滞在することで乳児のこころに持ちこたえられるようにされたあとに，その感情が乳児にふたたびとり入れられることを許容するなら，正常な発達がそれに続く。その投影が母親に受容されないときには，死にかかっているとの感情は，持っていたその意味を剥ぎ取られると乳児は感じる。それゆえ乳児は，持ちこたえられるようになった死にかかっているとの恐怖ではなく，言いようのない激しい恐怖 nameless dread を再びとり入れる」(p.116)

　ここでビオンは，乳児の乳房との関係を描写しています。しかしながら，のちの発達段階での類似のプロセスが，私が著した臨床経過に描写されていると思います。私に圧しかかった分析的に抱くことの修復を放棄させようとするものすごい重圧に直面しつつ，修復された精神分析的に抱くことを維持しようとする私の心準備こそが，患者が自分自身で持ちこたえられる形で自分の怯えたパーソナリティを受け取ることを，終いに可能としたと私は考えます。もし彼女が要求していた身体的に抱くことに私が頼っていたのなら，中核的な外傷は凍結したままでしたでしょうし，永遠に取り扱えないものとおそらく見なされていたでしょう。そうであれば，患者は持ちこたえられるようになった死にかかっているとの恐怖ではなく，言いようのない恐怖を再びとり入れていたでしょう。

参考文献

Alexander, F., French, T.M. *et al.* (1946) The principle of corrective emotional experience, in *Psychoanalytic Therapy, Principles and Application*. New York: Ronald Press.

Aron, L. (1992) Interpretation as expression of the analyst's subjectivity. *Psychoanalytic Dialogues* 2: 475–507.

—— (1996) *A Meeting of Minds*. New York: Analytic Press.

Balint, M. (1952a) New beginning and the paranoid and depressive syndromes, in *Primary Love and Psycho-analytic Technique*. London: Tavistock Publications, 1965, pp. 230–249.

—— (1952b) *Primary Love and Psycho-analytic Technique*. London: Tavistock Publications, 1965.

—— (1968) *The Basic Fault*. London: Tavistock Publications.

Beck, J. (1995) *Cognitive Therapy: Basics and Beyond*. New York: Guilford Press.

Bion, W.R. (1962) A theory of thinking, in *Second Thoughts* (1967), New York: Jason Aronson, pp. 110–119.

—— (1967) *Second Thoughts*. New York: Jason Aronson.

—— (1974) *Brazilian Lectures 1*. Rio de Janeiro: Imago Editora.

Boesky, D. (1998) Clinical evidence and multiple models: new responsibilities. *Journal of the American Psychoanalytic Association* 46: 1013–1020.

Bollas, C. (1987) *The Shadow of the Object: Psychoanalysis of the Unthought Known*. London: Free Association Books.

Breckenridge, K. (2000) Physical touch in psychoanalysis: a closet phenomenon? *Psychoanalytic Inquiry* 20(1): 2–20.

Breuer, J. and Freud, S. (1895) Studies on hysteria. *Standard Edition* 2.

Britton, R. (1998) *Belief and Imagination: Explorations in Psychoanalysis*. London: Routledge.

Casement, P.J. (1982) Some pressures on the analyst for physical contact during the reliving of an early psychic trauma. *International Review of Psycho-Analysis* 9: 279–286.

—— (1985) *On Learning from the Patient*. London: Tavistock Publications.

—— (1990) *Further Learning from the Patient*. London: Routledge.

—— (1991) *Learning from the Patient*. New York: Guilford Press. (A combined volume that contains both *On Learning from the Patient* and *Further Learning from the Patient*.)

—— (1994) On the wish not to know, in V. Sinason (ed.), *Treating Survivors of Satanist Abuse*, London: Routledge, pp. 22–25.

—— (1998) Objective fact and psychological truth: some thoughts on 'recovered memory,' in V. Sinason (ed.), *Memory in Dispute*. London: Karnac, pp. 179–184.

—— (2000) The issue of touch: a retrospective overview. *Psychoanalytic Inquiry* 20(1): 160–184.

Chused, J.F. (1991) The evocative power of enactments. *Journal of the American Psychoanalytic Association* 39: 615–639.

—— (1997) Discussion of 'Observing-participation, mutual enactment, and the new classical models' by Irwin Hirsch, Ph.D. *Contemporary Psychoanalysis* 33: 263–77.

Chused, J.F. and Raphling, D. (1992) The analyst's mistakes. *Journal of the American Psychoanalytic Association* 40: 89–116.

Eissler, K.R. (1953) The effect of the structure of the ego on psychoanalytic technique. *Journal of the American Psychoanalytic Association* 1: 104–143.

Fiscalini, F. (1994) The uniquely interpersonal and the interpersonally unique – on interpersonal psychoanalysis. *Contemporary Psychoanalysis* 30: 114–134.

Fosshage, J.L. (2000) The meanings of touch in psychoanalysis: a time for reassessment. *Psychoanalytic Inquiry* 20(1): 21–43.

Fox, R.P. (1984) The principle of abstinence reconsidered. *International Review of Psycho-Analysis* 11: 227–236.

Freud, S. (1913) On beginning the treatment (further recommendations on the technique of psycho-analysis I). *Standard Edition* 12.

—— (1920) Beyond the pleasure principle. *Standard Edition*. 18.

Giovacchini, P.L. (ed.) (1975) *Tactics and Techniques in Psychoanalytic Therapy, Vol. 11*. New York: Jason Aronson.

Greenberg, J.R. (1986) On the analyst's neutrality. *Contemporary Psychoanalysis* 22: 87–106.

Heimann, P. (1950) On counter-transference. *International Journal of Psycho-Analysis* 31: 81–84.

Hoffer, A. (1991) The Freud-Ferenczi controversy – a living legacy. *International Review of Psycho-Analysis* 18: 465–472.

Katz, G.A. (1998) Where the action is: the enacted dimension of analytic process. *Journal of the American Psychoanalytic Association* 46: 1129–1167.

Kernberg, O. (1996) Thirty methods to destroy the creativity of psychoanalytic candidates. *International Journal of Psycho-Analysis* 77: 1031–1040.

Kirsner, D. (2000) *Unfree Associations: Inside Psychoanalytic Institutes*. London: Process Press.

Klein, M. (1946) Notes on some schizoid mechanisms, in J. Riviere (ed.), *Developments in Psycho-Analysis*. London: Hogarth Press, 1952.

Kohon, G. (ed.) (1986) *The British School of Psychoanalysis: The Independent Tradition*. London: Free Association Books.

Ladan, A. (1992) On the secret fantasy of being an exception. *International Journal of Psycho-Analysis* 73: 29–38.

Langs, R.J. (1978) *The Listening Process*. New York: Jason Aronson.

Levenson, E.A. (1992) Mistakes, errors, and oversights. *Contemporary Psychoanalysis* 28: 555–571.

Lewis, E. and Casement, P.J. (1986) The inhibition of mourning in pregnancy. *Psychoanalytic Psychotherapy* 2(1): 45–52.

Little, M. (1957) 'R' – The analyst's total response to his patient's needs. *International Journal of Psycho-Analysis* 38: 240–254.

—— (1958) On delusional transference. *International Journal of Psycho-Analysis* 39: 134–138.

Marrone, M. (1998) *Attachment and Interaction*. London and Philadelphia: Jessica Kingsley.

Meares, R.A. and Hobson, R.F. (1977) The persecutory therapist. *British Journal of Medical Psychology* 50: 349–359.

Meissner, W.W. (1996) *The Therapeutic Alliance*. New Haven, Conn.: Yale University Press.

—— (1998) Neutrality, abstinence, and the therapeutic alliance. *Journal of the American Psychoanalytic Association* 46: 1089–1128.

Mitchell, S. (1997) *Influence and Autonomy in Psychoanalysis*. Hillsdale, N.J.: Analytic Press.

Ogden, T. (1979) On projective identification. *International Journal of Psycho-Analysis* 60: 357–373.

Pally, R. (1997) Memory: Brain systems that link past, present and future. *International Journal of Psycho-Analysis* 78: 1223–1234.

Persons, J.B. (1989) *Cognitive Therapy in Practice: A Case Formulation Approach*. New York: W.W. Norton.

Racker, H. (1957) The meanings and uses of countertransference. *Psychoanalytic Quarterly* 26: 303–357.

—— (1968) *Transference and Countertransference*. London: Hogarth Press.

Rayner, E. (1991) *The Independent Mind in British Psychoanalysis*. London: Free Association Books.

Renik, O. (1993) Analytic interaction: conceptualizing technique in light of the analyst's irreducible subjectivity. *Psychoanalytic Quarterly* 62: 553–571.

Richards, A.K. (1997) The relevance of frequency of sessions to the creation of an analytic experience. *Journal of the American Psychoanalytic Association* 45: 1241–1251.

Rosenfeld, H. (1987) *Impasse and Interpretation*. London: Tavistock Publications.

Roughton, R.E. (1993) Useful aspects of acting out: repetition, enactment, and actualization. *Journal of the American Psychoanalytic Association* 41: 443–472.

Ruderman, E., Shane, E. and Shane, M. (eds) (2000) On touch in the psychoanalytic situation. *Psychoanalytic Inquiry* 20(1).

Sandler, J. (1976) Countertransference and role-responsiveness. *International Review of Psycho-Analysis* 3: 43–47.
—— (1993) On communication from patient to analyst: not everything is projective identification. *International Journal of Psycho-Analysis* 74: 1097–1107.
Searles, H.F. (1959) The effort to drive the other person crazy: an element in the aetiology and psychotherapy of schizophrenia. *British Journal of Medical Psychology* 32: 1–18.
—— (1965) *Collected Papers on Schizophrenia and Related Subjects*. London: Hogarth Press.
—— (1975) The patient as therapist to his analyst, in P.L. Giovacchini (ed.), *Tactics and Techniques in Psychoanalytic Therapy, Vol. 11*. New York: Jason Aronson.
Sinason, V. (ed.) (1994) *Treating Survivors of Satanist Abuse*. London: Routledge.
—— (ed.) (1998) *Memory in Dispute*. London: Karnac.
Snyder, S. (1993) Meeting of the Psychoanalytic Association of New York. *Psychoanalytic Quarterly* 62: 704.
Sterba, R. (1934) The fate of the ego in analytic therapy. *International Journal of Psycho-Analysis* 15: 117–26.
Winnicott, D.W. (1941) The observation of infants in a set situation. *International Journal of Psycho-Analysis* 22: 229–249.
—— (1954a) Withdrawal and regression, in D.W. Winnicott (1958) *Collected Papers: Through Paediatrics to Psycho-Analysis*. London: Tavistock Publications, pp. 255–261.
—— (1954b) Metapsychological and clinical aspects of regression within the psycho-analytical set-up, in D.W. Winnicott (1958) *Collected Papers: Through Paediatrics to Psycho-Analysis*. London: Tavistock Publications, pp. 278–294.
—— (1955) Metapsychological and clinical aspects of regression within the psycho-analytical set-up. *International Journal of Psycho-Analysis* 36: 16–26.
—— (1956) On transference. *International Journal of Psycho-Analysis* 37: 386–388.
—— (1958) *Collected Papers: Through Paediatrics to Psycho-Analysis*. London: Tavistock Publications.
—— (1962) Ego integration in child development, in D.W. Winnicott (1965) *The Maturational Process and the Facilitating Environment*. London: Hogarth Press, pp. 56–63.
—— (1963a) Psychiatric disorder in terms of infantile maturational processes, in D.W. Winnicott (1965) *The Maturational Processes and the Facilitating Environment*. London: Hogarth Press, pp. 230–241.
—— (1963b) Dependence in infant care, in child care, and in the psycho-analytic setting. *International Journal of Psycho-Analysis* 44: 339–344.
—— (1965a) A clinical study of the effect of a failure of the average expectable environment on a child's mental functioning. *International Journal of Psycho-Analysis* 46: 81–87.

—— (1965b) *The Maturational Processes and the Facilitating Environment*. London: Hogarth Press.
—— (1967) Mirror-role of mother and family in child development, in P. Lomas (ed.), *The Predicament of the Family*. London: Hogarth Press.
—— (1971a) *Therapeutic Consultations in Child Psychiatry*. London: Hogarth Press.
—— (1971b) *Playing and Reality*. London: Tavistock Publications.
—— (1974) Fear of breakdown. *International Review of Psycho-Analysis* 1: 103–107.
—— (1988) *Human Nature*. London: Free Association Books.

監訳者あとがき

1.『あやまちから学ぶ』あれこれ

　本書『あやまちから学ぶ』は，精神分析内部での位置づけでは英国対象関係論本流に属する精神分析家 Patrick Casement 著 Learning from our Mistakes——Beyond Dogma in Psychoanalysis and Psychotherapy. Brunner-Routledge 2002 を全訳したものです。

　原題を直訳すれば，「私たちのあやまちから学ぶ——精神分析と心理療法のドグマを超えて」となりましょう。ケースメントさん自身は，サブタイトルを前面に打ち出したかったのですが，出版社 Brunner-Routledge の意向を受け入れ，上述の正式なタイトルにしたとのことでした。

　これまでの著書，『患者から学ぶ On Learning from the Patient（1985）』，そして『さらに患者から学ぶ Further Learning from the Patient（1990）』（ともに，岩崎学術出版社1991年と1995年）がこころの臨床のための必読書としていまなお大変好評である著者のひさしぶりの新刊であることをアピールしたい出版社としては，今回も「Learning from」でいきたく思ったことは十分理解できることです。私はそのもくろみは悪くはなかったと思います。実際出版後，欧米での本書の評価はすこぶる高く，前著同様，各国で翻訳出版が進行しています。

＊

　原題「Learning from our Mistakes」に戻りますと，Mistakes には邦訳として，間違い，誤解，誤り，あやまち，失敗といった言葉があてはまると思われました。そのなかで，私は「あやまち」を選びました。

それは翻訳書のタイトルにおいても，ケースメントさんの感受性のこまやかさを表したく思っていたからです。本書での彼の Mistakes の理解はとても深く，取り扱いはとにかく繊細かつ丁寧なもので，これこそが精神分析であると言いたくなるものです。こうしたケースメントさんの（ときとしてとても）ささいで微妙な Mistakes，それに実に強力な意味が含まれるようになっていることが慎重に，そしてじっくりと見て取られ，それからなんとかそれらの理解がこまやかな介入に生かされていくいきいきとした分析治療過程には，即物的なニュアンスが少なく，人間的な感情のあやが感じられる言葉である「あやまち」が適うように思いました。

　失敗という訳語を避けたのには，原語が failure と誤解されてしまわれそうなこと，失敗から学ぶといったタイトルの著作はすでにあるようなので，まぎらわしさも避けたかったからです。また，間違いや誤りには，どちらかといえば，独断的な強い響きがあるように私には思えましたので，この言葉もタイトルには避けました。

＊

　ケースメントさん自身の本書のテーマは，精神分析や精神分析的心理療法での治療者のこころの姿勢，すなわち知識の一方的な押しつけとなる Dogma——本書では，「教義」，ところによっては「独断的教義」と翻訳しましたが——にとらわれないオープンなこころで，患者が意識的無意識的に表すところについていくことの意義と大切さを描き出すことにあります。

　ところで，第 2 作であった『さらに患者から学ぶ』の第 1 章のタイトルは「教義を超えて Beyond Dogma」でしたから，彼はこの問題を考え続けてきていたことがわかります。それが十余年の歳月をかけて，本書で深められているのです。

　本書の主旨や各章の要約は，著者による「日本の皆様へ」と序章にあたる「導入のことば」に明確に著されていますので，私のあらためての解説は蛇足でしかないでしょう。

　ただ本書の特徴を簡単に述べてみるなら，前 2 著と同じく，実際の精神分析臨床，心理療法臨床の場面でおおいに私たちを助けてくれる本です。

もちろん，この場面ではああしなさい，その場面ならこうしなさいというハウツー物ではありませんし，マニュアル式の対処を列挙しているのでもありません。もっとも，精神分析的な治療を目指し実践している方はこのようなハウツーを期待していないと思います。

　本書は私たちが日々の精神分析的な臨床で経験する困難な問題や苦難な状況について，その場面に真に治療的に取り組むには，つまり真に患者の援助となる展開をもたらすようにかかわっていくには，私たちにどのような視点や心構えが必要になってくるのか，さらにその視点からの分析的かかわりを実践するにはどのようなところにこまやかに目を向け，考えていくことが必要かを示してくれます。

　それは，ケースメントさんの言葉で言うなら，ほんとうに患者に，そして分析過程についていくことです。この患者についていくという表現には，納得されると思います。しかし，それがどんなに難しいことかは，心理治療の臨床を重ねた人ほど，知っていると思います。その難しさ，つまり治療者のあやまってしまいやすさと，それにもかかわらず（あるいは，それゆえに）どのように治療をそれとして進めつづけるかについて，本書は割かれていると言えるかもしれません。

*

　本書を読まれた方のなかには，これぐらいのことをあやまちとか失敗とか言うことはないじゃないかと思われる方も多くおられるでしょう。

　本書の「まえがき」を書いているレイナーも，初めはいささかそうした感想を抱いたようです。しかし治療者が患者を真に援助するとはどのようなことかを真剣に考えるのなら，治療者がたやすく自己満足に陥ってしまわない自分自身に厳格な態度が必要です。そうした人に真にやさしく，自分に厳しいという援助職の人たちが基本に持つべき態度をいかに彼が実践しているかも描かれているのです。

*

　本書の学問的な位置について，若干触れたいと思います。

　すでに前2著を読まれた方はご存知のように，本書においても英国対象関

係論，なかでもウィニコットの考えがベースに置かれています。実際に何箇所かで，ウィニコットの言葉が引用されています。しかし彼は，ウィニコッティアンとは自分自身を見ていないようです。彼はどこまでも，自分は自分であるというインディペンデント・マインドを感じていると思います。

そこには，インディペンデント・マインドの人，ビオンの影響があるようです。精神分析家としての心構えのモデルとしてのビオンです。ビオンは治療者自身が，患者にまったくオープンに開かれていて，かつ，自分自身としての思考の自由も確保しているあり方を推奨し実践していました。ケースメントさんも，精神分析における自由，精神分析が提供する思考の自由を患者にもたらそうと真剣に試みています。

そしてクライン直系でもあるビオンをバックボーンとしながら，英国クライニアンの教条主義傾向を強く批判しています。この姿勢は同じインディペンデント・グループのシミントンにも見られたものです。しかしケースメントさんは代表的現代クライニアン・ブリトンの著書『信念と想像：精神分析のこころの探求』については好意的ですし，クライニアンすべてを批判しているのではありません。彼は，教義を鵜呑みして，それにただ追従すること，つまり自分の考えを創造しないことを批判しているのです。

このように精神分析家としての在り方にはビオンの思想を置きながら，ウィニコットやそのほかの精神分析家の臨床的な考えやよさをおおいに活用するというあり方は，アンドレ・グリーンをはじめするウィニコットやビオンの次世代の精神分析家たち，オグデン，ボラス，コーホン，パーソンズ，コルタート，シミントン，アイゲンらにおいて，今日の精神分析が成し遂げた達成と言えると思います。

そして，これらの分析家たちのなかで，そのような理解を精神分析や心理療法の臨床実践にもっとも即して著しているのが，ケースメントさんだと私は思います。

そうしたところで注目されてよいことに，ケースメントさんの提唱する「こころの中のスーパーヴァイザー internal supervisor との内なる対話 internal dialogue」という臨床実践モデルがあります。つまり分析セッショ

ンでの治療者と患者の交流を，客観的に把握する迫害的でない第三の対象からの視点の導入の意義と有用性についてのとても実践的な主張です。

　ここには臨床場面での治療者の主観的な体験や理解と客観性の統合(両眼視)についての彼独自の見解，まさに精神分析臨床体験に基づいた見解があります。ロナルド・ブリトンの「第三の立場 Third Position」，トーマス・オグデンの「第三の主体 Third Subject」，あるいは間主観性(間主体性)についての今日盛んな討論へのケースメント流の答えがここにあります。

　しかしながら本書には，斬新な理論や概念が羅列されているわけではありません。グリーン，オグデン，ボラスらのきらめく知的な輝きを感じさせる著作とはちがう地味なところです。しかし精神分析的な臨床を営んでいる方なら，臨床経験を確実に踏まえた上での熟考された臨床の英知が，本書の実にさまざまな箇所に見出されるでしょう。そこに本書の大いなる価値があると思います。前にも述べましたが，英国の対象関係論が成し遂げた精神分析臨床でのひとつの到達点が本書に描き出されていると思います。

2．ケースメントさんの人となり

　ケースメントさんは英国精神分析協会のグループ・オブ・インディペンデント・アナリスツ，いわゆる独立学派に属する精神分析家です。現在は，精神分析家志願者の訓練としての教育分析をおこなう訓練分析家であるとともに，スーパーヴィジョンを行うスーパーヴァイジング分析家でもあります。

　彼は，こうしたこころの治療者としての熟達の過程を一歩ずつ進めていった人です。

　もともとはシニア・ソーシャルワーカーとしてスタートしました。それから精神分析的心理療法家の訓練を積み，英国心理療法家協会に認定された心理療法家になりました。そしてその後，精神分析家の訓練を積み，精神分析家になったのでした。まだ精神分析家としての体験が初々しい頃の著作が，最初の著書にして名著『患者から学ぶ』です。

それからの経験を踏まえて，『さらに患者から学ぶ』が出版され，今回，熟

練した分析家としての自信と訓練分析家としての経験を踏まえて，本書『あやまちから学ぶ』が書かれています。

*

　前著や本書を読まれた方にはおわかりいただけると思いますが，ケースメントさんはこまやかな心遣いのある，とてもやさしく暖かいこころの持ち主です。私は彼とともにいて，この人はほんとうにいい人だなと，ひとがらのよさをしみじみ感じました。おそらく若い頃は，心配しすぎていささか世話を焼きすぎたこともあったのではなかろうかと思います。そうした「普通の，誠意に充ちた勤勉な（『患者から学ぶ』の「はじめに」より）」自分を着実に訓練して，パーソナリティの現在の成熟とほどよいバランスを作り上げてきたのではないでしょうか。

　またケースメントさんは，権威をふりかざしたり，師匠ぶった態度をとる人でもありません。自分のグループや師弟関係を積極的に作ろうとする人でもないようです。どちらかというと英国人らしい奥ゆかしい内気な性格に感じられます。しかしそれゆえに自分の考えも抑えてしまうといったことになってしまわないことは，本書でもおわかりいただけるところです。

　彼はとてもユーモアに富んだ人でもあります。私は彼や彼の奥さんと一緒に過ごしたときには，彼のウィットに富んだ話をたくさん聞きました。

　ケースメントさんは，本物のこころの臨床家であり，安心して患者を委ねられる精神分析の専門家であると感じます。

3．監訳者として

・訳出のいきさつ

　2002年3月のある日，ケースメントさんから一通の手紙が届きました。それには，この秋に新しい著書を出版することになった。あなたに関心があるなら，その草稿を送ろうというものでした。そこで，ぜひ読んでみたいという返事を出しましたところ，彼からE-mailによって草稿が送られてきました。

監訳者あとがき

　私はそれをいくらか読んでみましたが，とても刺激的で面白く，おおいに学ぶところがあると感じました。また彼の手紙には日本語への翻訳を私に求めているニュアンスが感じられました。すでに私は『英国独立学派の精神分析』の彼の章や『患者から学ぶ』を訳出したときに彼と会っていましたし，矢崎直人氏の翻訳による『さらに患者から学ぶ』にも関与していたこと，そして1995年春の来日講演のときにはケースメント夫妻を案内してもいたので，よく知っている私に翻訳を依頼したいのであろうと私は（きわめて日本人的に考え），翻訳したいとの意向を彼に伝えたのでした。

　こうしてこの翻訳は，原著が英国で出版される前に始まりました。そのころ私はすでに，自分で企画した別の翻訳（『対象関係論の基礎――クライニアン・クラシックス』新曜社）も抱えていましたので，一緒に訳してくださる方をお願いし，ケースメントさんの分析的なアプローチに通じる雰囲気を私が感じていた永松，川野，日下という三人の方にお願いしました。

　ところが2002年の秋に原著が出版されると，内容の素晴らしさを認めて翻訳したいという方が出てこられました。なかでもタビストック・クリニックにいる浅野先生はとても熱心に翻訳参加を希望されましたので，加わっていただきました。こうして本書の翻訳メンバーがそろいました。

　皆さんの尽力で翻訳は順調に進みましたので，急げば原著出版1年後の2003年の秋には出版できたかもしれません。しかし，出版の早さよりも原著に近い雰囲気と内容の確実さを私は大切にしたかったので，この時期の出版となりました。翻訳者の皆さん，とりわけすばやく担当分を仕上げてくれた浅野先生には首を長くして待っていただいたことになりました。

　ところで実は，原著が出版されることについては驚きが私にはありました。それは，1995年の来日のときケースメントさんは，「もう，本は出さない」と言っていたからです。その理由として，患者のプライバシーの問題を彼は挙げていました。ですから，そのことを頭に置いて私は本書を読みました。そうしたところ，彼は本書の中に，引退が近づき，もはや新しい患者は取っていないこと，プライバシーにはできる最大の配慮をしたことが述べられていました。つまり本書の出版が彼の臨床と彼の患者に影響するところが確実

に減じていることを踏まえての出版であることがわかりました。彼らしい確実なやりかたである，と私は思いました。

・若干の私見

　本書が臨床に生きる素晴らしい著作であることは，論を待ちません。日々の私たちの臨床にたくさんの有益な示唆をくれる大事な書です。しかしながら，私個人としては彼の考えにすべて賛成するわけではありません。

　とくに転移についての考え方は，私はちがっています。本書には「転移に過ぎない」として，転移として見ることが今の患者との関係をシリアスなものでなくしてしまうという理解が示されています。

　たしかにそうした，転移と見ることで現実の体験を回避してしまう治療者もいるでしょう。しかし私はむしろ，転移であること，つまり今ここでの患者と治療者の体験に，転移という過去もしくは内的世界からの切実な内的体験が重層されているからこそ，今ここでの体験がかぎりなく大切で重要なものになると感じています。ただ今ここにある関係を生き抜くということではなく，この転移に基づいた深い理解を踏まえて治療者が，（時期尚早に発生的転移解釈をしてしまわず）今ここでのふたりの体験を真剣に生きていくことが，患者のその分析体験についての理解により深い意義とより細かで豊かな意味づけをもたらすと思います。

　理論の有用性についても，彼とは少しちがっているかもしれません。私は理論を彼がここで表現しているよりは大切に思います。それは，私たち治療者は治療者としての自分の見解も分析過程に応じて保持し，それを患者とのやりとりのなかで，必要に応じてひるむことなく修正していくことこそが大切であると考えるからです。

　たしかに，自分の理論や概念に固執してはなりません。しかしそれらを理解のためのモデルや仮説として使うことをしないことには，私たちは体験していることを考えられないと私は思います。そしてそもそも私たちは必ず，なんらかの世界観，人間観をすでに抱いています。それはどうしても（無意識の空想であるとともに）概念や理論で構成され，無意識に私たちの身に付

いているものです。大事なことは，それらがきちんと意識化されていることにあり，修正されうることにあると私は思います。

本書を読むことによって，著者とのこのような対話や討論を進められることも，本書の素晴らしいところです。こうした対話ができる書き方をケースメントさんはしているのです。

・翻訳上のこと

翻訳は基本的には，前２著の翻訳様式を踏まえています。本文は，です・ます調を採用していることなどです。しかし訳語によっては，変更しているものもあります。サンドラーが提示した概念である role-responsiveness については，これまで「役割‐対応性」と訳していましたが，ここでは「役割対応」としています。臨床用語としてのニュアンスからです。ラングスの用語であるderivativeについては「派生的」と訳されていますが，やわらかい表現にしたかったので，「引き出された」としました。

今回，新しい用語として internal dialogue が出てきています。これまでの訳語を踏襲するなら，「こころの中の対話」と訳出されるところですが，この用語はすでにほかの著者も使っているものでもあるので，「内なる対話」としました。

また trainee と student という用語が，精神分析や心理療法の長期の正式な訓練を受けている治療者のこととして本書では使い分けられています。そのため初めは，前者を訓練生，後者を研修生と分けて訳していましたが，日本語の研修は最近では，１日や２週間程度の短い学習の機会といった意味で使われることが多いようなので，誤解を避けたいと思い，研修中のという訳語はできるだけ避けるようにしました。訓練という訳語を多く使っています。

4．謝　辞

本書の翻訳を担当していただいた川野，永松，浅野，日下の諸先生に感謝いたします。きめのこまかな翻訳を心がけ，それを成し遂げていただきまし

た。山田信先生には翻訳完成原稿に目を通していただき，有意義なコメントをいただきました。岩崎学術出版社の唐沢礼子さんには私の細かな注文を受け入れた編集をしていただきました。皆様にお礼申し上げます。

　本書が皆様の精神療法臨床，心理臨床，さらには広く精神保健臨床に役に立つと確信しています。

2004年2月

春の隣で

松木　邦裕

人名索引

Alexander, F.　*121*
Aron, Lewis　*7,123*

Balint, Michael　*122,127,179*
Beck, J.　*172*
Bion, Wilfred R.　*93,140,141,161,172,190,192*
Blum, Harold P.　*139*
Boesky, D.　*123*
Bollas, Christopher　*171*
Breckenridge, K.　*127,129*
Breuer, J.　*3*
Britton, Ronald　*142*
Bromberg, Philip　*139*

Chused, Judith　*16,22,23*
Eissler, K. R.　*182*
Emmy von N., Frau　*3*

Fiscalini, John　*12*
Fosshage, J. L.　*126*
Fox, R. P.　*123*
Freud, Sigmund　*13,3-5,13,145*

Greenberg, Jay　*142*

Heimann, Paula　*62,129,130*
Hobson, R. F.　*141*
Hoffer, A.　*123*

Katz, G. A.　*123*
Keller, Helen　*162-164*
Kernberg, Otto　*18*
Kirsner, D.　*19*
Klein, Melanie　*43,124,146*

Kohon, G.　*122*

Ladan, A.　*43*
Langs, Robert J.　*12,23,28,38,70*
Levenson, E. A.　*22*
Lewis, E.　*103*
Little, Margaret　*101,122,179*

Marrone, M.　*141*
Meares, R. A.　*141*
Meissner, W. W.　*123*
Mitchell, Stephen　*3*

Ogden, T.　*191*
Pally, R　*173*
Persons, J. B.　*172*

Racker, H.　*48,190*
Raphling, David　*22,23*
Rayner, E.　*47*
Renik, Owen　*102*
Richards, Arlene K.　*139*
Rock, M. H.　*61*
Rosenfeld, H.　*16*
Roughton, R. E.　*123*

Sandler, Joseph　*16,102,190,192*
Searles, Harold F.　*16,17,28,43*
Snyder, Steven　*139*
Sterba, R.　*33*
Sullivan, Annie　*162-164*

Winnicott, Donald W.　*9-12,18,37,45,46,51,101,113,118,121,125-127,136,146,147,157,172,179,181,191*

事項索引

あ行

愛他的　88
赤ちゃん　65,93,110,132,147,148,157
悪　146,147
遊び　11
遊びごころ　10
遊ぶ能力　18,148
新しい事実　132
圧迫　3
圧迫技法　3,4
圧力　17,20,83,92,134
あやまち　5,7,11,14,15,6,22,23,38,43,45,60,61,68,101,108,113-117
あやまちから学ぶ　61,85
あやまちを認めること　44
安心　6,75,76,118,168,183
　　——させようとすること　84,88
　　——感　158
安全　38,52,53,59,71,143
　　——感　147
暗黙の記憶　173
言いようのない激しい恐怖 nameless dread　93,99,193
怒り　44,126,185
　　——を向けられる対象　98
憤り　126,128,149
行き詰まり　16,25,83
生き残る　117,126,129,131,133
　　——能力　125
生き抜くていく　100
移行対象　83
意識化　159
依存　125,130
　　過度な——　63
偽りの自己　11,19,138
偽りの理解　158
居場所　39
いまここで　146
癒されていない傷　119

インスティテュート　18
陰性感情　70
陰性治療反応　169
陰性転移　70,75,82
インディペンデント・グループ　6,47
インポテンツ　174
隠喩（メタファー）　14,154
受身　13
動く死人　2
内なる対話 internal dialogue　16,32,47,66
英国精神分析協会　6,47,80
エス　11
エディプス願望　40
エディプス的愛着　40
エディプス的な勝利　40
エナクトメント（実演）enactment　16,44,65,102,109,113,114,139,177
援助しようとすること　84,88,99
演じられたコミュニケーション　111
置き換え　5,36,94
　　——による無意識の批判　29
臆病　133
贈り物　39,40,41
おしゃぶり反応　9
弟の誕生　96,103,112,120
落とし穴　4,7,82
脅し　81
思い込み　157

か行

外界のスーパーヴァイザー　66
外傷　14,2,98,99,103,120-122,125,131,134,182,188,191,193
　　オリジナルな——　123,192
　　——の再体験　182
　　——の復活　191
　　——体験　16,126
　　——的な時期　97
解釈　4,5,9,11-13,15,17,23,24,26,27,33,

事項索引 211

　　　37, 40, 53-55, 58, 68, 81, 115, 124, 126, 138, 139, 142, 143, 148, 149, 159, 160, 165, 166, 169, 170, 174-176, 184-189
　　　　　教義的な——　148
　　　　　深い——　6, 14
　　　　　分離不安の——　8
　　　　　——での解決　191
　　　　　——のしかた　10, 12, 13
　　　　　——の正確さ　143
　　　　　——の与え方　68
解釈過程　10
解釈作業　125
改宗　12
外的現実　88, 147
外的言語　167
外的世界　170
介入　12
回避 avoidance　5, 100, 124, 130, 142
カウチ　50, 53, 107, 109, 112, 114, 177, 180, 183, 185, 186
科学　177
隠された精神破綻　167
隠されたテーマ　144
確信　3, 5, 6, 10, 19, 20, 25, 52, 56, 77, 79, 120, 121, 127, 128, 130, 133, 156, 181, 184-186
隔離看護　132, 134
架け橋　161, 168, 169
仮説　3, 8, 80
家族療法　32
考えようのない不安　181
考えられないこと　171
環境　136
　　　——の失敗　45, 146
環境因子　18, 101
関係学派　12
関係モデル　139
観察自我　67
観察する自我と関与する自我　33
感謝　89
患者から学ぶ　131, 135
患者による無意識のスーパーヴィジョン　28, 35, 70

患者の創造物　139
患者の立場　33, 71, 73, 77
患者の病理　11, 9, 13, 16, 139
患者の見方　13, 23, 44, 72, 73, 75, 145
干渉　141
記憶　159, 173
飢餓　9
危機　28, 87
　　　深刻な——　114
危機状況　77, 83, 84, 92
儀式　105, 137
　　　習慣的な——　155
気絶　126, 131-133
規則　39, 42, 123, 127, 133
気にする　58
気晴らし　97
希望　182, 183
技法　17, 7, 22, 27, 47, 79, 81, 139, 162, 174
基本規則　3, 4
逆転 reversal　5
逆転移　12, 30, 39, 43, 62, 65, 102, 124, 127, 131, 132, 144, 171, 177, 179, 182
　　　間接的な——　48, 190
　　　パーソナルな——　43, 112
　　　見立ての——　43
　　　——からの解釈　188
逆転移性のひきこもり　190
客観的現実　28, 38, 44, 89, 142, 144, 145
キャンセル　76
休暇　83
　　　夏期——　84, 85
境界　38, 41, 49, 56, 129, 141
共感的な想像　162
狂気　16
教義的なアプローチ　5
教条的　64
　　　——なスタイル　15
　　　——な教義　6
共通の立場　155, 156
共同治療者　32
共謀　123, 174
強迫的　148

恐怖　126-129,132,185,188,192
　　　旅行——　95
去勢　9
拒絶　10,71,72,76,77,79
　　　——する自由　137
　　　——する対象との投影同一化　190
緊急時　83
禁欲　122,179
　　　——での失敗　128
禁欲規則　124,135
空間　17,12,14,20,136,145,146,153
　　　遊ぶための——　147
　　　三角——　142
　　　詩的——　142
　　　情緒的な——　141
　　　心的——　15,142
　　　存在するための——　147,148
　　　橋渡しされる——　141
空想　phantasy　12,23,71,90,191
クライニアン　47
訓練中の分析家　157,159
訓練分析　19,64,66
訓練分析家　2,64
迎合性　1
迎合的服従　10,11
傾聴　34
軽蔑　12,16,140,177
ゲーム　57,58
外科医　123,126,134,180,181,188
激烈な怒り　117
欠席　116
結託　147
権威　20,25,178
言外の意味　142
堅固　27,38,40
　　　——な態度　11
健康な拒絶　6
健康な抵抗　24
健康への逃避　94
顕在内容　34
研修生　65,67,68,72,74
原初的な自我　190

現実　146,151
現実検討力　51
現実問題　191
現代フロイディアン　47
権利　113
抗議　26
攻撃者への同一化　19
攻撃的　136
行動化　112,133,177
合同夫婦療法　32
傲慢　11,26,140,156
誤解　6,28,101,192
告白　91
こころの「島」　67
こころの中のスーパーヴァイザー　16
こころの中のスーパーヴィジョン internal supervision　8,16,32,39,47,59,61,66,67,81
こころの中の母親　105,106
こころの変容　11
古典規則　179,191
古典的立場　127
言葉　55,137,164,166,167
　　　空っぽの——　167,170
　　　中身の詰まった——　167,170
子どもの自己　186
子どもの部分　86
コミュニケーション
　　　前‐言語的——　55
　　　引き出された——　38
　　　非言語的な——　163
　　　——のずれ　31
コンサルテーション　8,14,129,130,143
コンテイニング　41
コンテインドへのコンテイナーの恐怖　190
コンテクスト　142
コントロール　13,16,39,125,128,137,138,140,183
混沌　173,186
混乱　173

事項索引　213

さ行

罪悪感　149,150
最悪なこと　131
最悪のもの　93,100
再演　92,93,97,100,101,111–113,119,184,192
再体験　92,119,123,130,131
再発見　134
作業スタイル　6
作業同盟　24,25
搾取　9
殺意　117
錯覚　162,164
サディスティック　160
サド‐マゾヒスティック　139
残酷　123
死　87,95–97,103,118,120,132,149,184,186
時間きっかり　74
時間の変更　29,96
自己愛的　140
　　──傷つき　32,41
　　──防衛　32
自己イメージ　51
思考　171
　　──の自由　148
自己開示　88
自己のプロセス　136
自己非難　51
自己防衛　88
自己満足的な受容　127
自己モニタリング　16,68
自殺　104,152,184
自殺念慮　150
指示　12,64
事実　41,83,92,102,148
自信過剰　156,159
自然な衝動　132
実感　165
実現化 actualization　14
知っていること　158,171

失敗　25,45,101,102,119,121,154,190
師と弟子　11
死にかかっているとの恐怖　93,192,193
死の本能　146
支配　13,14,79
自発性　1
自分で自分を抱える self-holding　125
謝罪　44
自由　14,17,18,21,152
自由に漂う対応　102
自由に漂う注意　102
自由連想　3,4
重圧　122,179,181,187,193
宗教的な経験　173
終結　94,95
従順　2
修正情動体験　121
修正体験　101,192
修復　124,184,193
週末　83,117,118
重要人物　89
主題　56,58
熟考　52,53
守秘　17,70,71
純粋　19
純正さ　2
証拠　156
冗談　102
象徴　105,120,129
　　──的な反復　41
情緒遮断状態　2
焦点を絞らない応答　54
助言　28,54,64,132,134
知らないこと　17,154,156,158,159,171,172,174
知らないという感覚　37
知らないというスタンス　79
自律　81
自立心　64
知ること　174
ジレンマ　41,188
信号システム　163

深刻な問題　27
真実　5,10,17,19,23,27,51,59,144,173
　　　部分的な──　24
侵襲 impingement　17,9,13,14,109,136,138,139,141,148,153
　　　──的な環境　18
侵食　79
心的現実　38,102,191
身体記憶　173
身体接触　122,124,179,181,190-192
侵入　8,12-14,39,53,79,117,141,152
信頼　105,114,177,186
　　　未解決の──　184
信頼感　172
垂直思考　33
水平思考　33
スーパーヴァイザー　14,61,63-65,68,70,157
　　　内在化された──　66
スーパーヴァイジー　61,62,66,69,79,145
スーパーヴィジョン　15,17,19,23,31,34,62,66,67,81,149,151
　　　──の三人組　63,66
　　　──の複数形　79
スクィグルゲーム（なぐり描きゲーム）　11
スクリーン　13
頭痛　109,112
ステレオタイプ　54,155
砂場での遊び　23
スプリッティング　5
刷り込み　173
性愛化　38
性愛化転移　40
性愛性　40
性格防衛　26,126
誠実　135
性衝動　40
精神科医　70
精神遅滞　166
精神病　8,17,173,188
精神病性の空想　15

精神病領域　14,15,16,
精神分析　11,12,2,3,7,18,20,21,22,62,138,139,176,177
　　　古典的な──　102
　　　最良の──　19
　　　──の偽りの拡張　1
　　　──の潜在力　1
　　　──のトレーニング　1,144
　　　──のパラドックス　15
　　　──の本質　148
精神分析家　2,17,22,86,171
精神分析技法　9 ,136
精神分析クリニック　80
精神分析史　4
精神分析理論　173
精神力動的な患者像　62
性的虐待　37,173
性的な考え　143
性的な空想　52
正当化　119
正当性　140
正統性　19
生命感　9
性欲　53
責任　75,104,178
　　　──逃れ　89
舌圧子　10
セッション
　　　最終──　42
　　　進行中の──　47,60
　　　ひとつの──　137
絶対的空　172
説得　134
絶望　126,127,133,180,182,185,189
絶望感　188
世話する　58
前概念　138
前額法　3
潜在的な意味　152
潜在的な可能性　20,177
潜在能力　63
潜在力　15,3,18-20

先入観　3,20,160,173
洗脳　12
専門家　156
羨望　139,146,169
　　　よい乳房への――　146
想起　129
　　　受動的な――　48,52,54,56
早期の外傷　92,99,121,173,179,190
早期の危機　92
早期の失敗　118
葬儀　90,91
相互関係的空間　141
相互交流　139,191
　　　――的なコミュニケーション　124
相互作用　14,12,32
　　　分析的な――　7
　　　――的な見方　7
操作　12,65,139
喪失　169
　　　――体験　162
想像　162,163
　　　――力　164
創造性　1,10,178
創造的　20
　　　――な遊び　11,148
存在　136
尊大　139

　　た行

ターニング・ポイント　100,102
退屈　140,141
体験の中核　113
退行　13,9,53,55,57,85,122,179
退行状態　86
対決　11
対照 contrast　36,169
　　　――による無意識の批判　29
対象　9,167
　　　新しい――　142
　　　――の使用　125
　　　――の痛み the pain of contrast　169
　　　――の名前　166,167,170
対象関係　142
　　　最早期の――　146
対象世界　163
対人関係学　12
ダイナミクス　13,10,11,32,44,45,63,65,83,84,92,190
　　　「理解を超えた」――　102
ダイナミック　153
怠慢　101
耐えられないもの　94
他者性　162
ためらいがち　77
ためらいのとき　9
ためらいを含むスタイル　25
ためらったもの　23
誰かについての言葉 language of someone　34
断固　25,28,41,77
　　　――とした態度　13,11
近道　183
遅刻　176
治癒　192
中核的な局面　123
中核的な失敗　120
中核的な体験　118
忠実　135
中断　86,114
中立性　142,145,153
超自我　149,150
挑戦　139,148,175
挑発　140
直面化　13,26,149
直感　67,128,192
治療過程　80,146
治療者としての患者　28
治療者の失敗　75
治療者の不在　86
治療者の保護　31
沈黙　34,35,44,54,55,137,151,165,174,180,189
　　　――への不安　34

追従　　138
綴られた文字　　164
抵抗　　4,5,10,17,24,147,175,177
提示されるoffered　　10,23
ティッシュペーパー　　107–109,112,114,115
適切なかたくなさ　　39
転移　　12,13,5,8,10,12,28,34,52,68,75,88,90,93,98,101,106,115,119,121,130,139,142,145,146,171,188,192
　　「単なる」――　　113
転移解釈　　31,121
転移現象　　148
転移体験　　187
転移対象　　171
転換症状　　105
同一化　　105,153
　　試みの――　　7,26,31,59,67,68,76,77,81,143,149,162
投影　　5,25,93,146,147,156,171,190
投影同一化　　5,43,93,124,165,188,193
　　――の圧力　　124
　　――過程　　191
投影物　　193
凍結　　190,193
洞察　　10,28,63,159
　　――が投与された　　23
同性愛　　144
　　――患者　　143
到達する　　188
独断的　　23
　　――スタイル　　24
　　――教義　　10,19
匿名性　　50
とどまることなく落ち続ける　　181
とり入れられた照らし合わせ　　36
　　――による無意識の批判　　30
トレーニング　　2,15,17,18,19,65
トレーニング・ケース　　65,80
鈍感　　123
貪欲　　139

な行

内的言語　　167
内的世界　　12,62,100,159
内的な母親　　189
なじみのないこと　　156,158,161
名づける　　167
名ばかりの抗議　　110
ニーズ　　11,12,58,87,123
　　防衛的な――　　128
　　情緒的――　　106
日本精神分析協会　　80
乳児（乳幼児）　　9,45,155,193
乳房　　9,193
二列の解釈 tow-tier interpretation　　80
眠り　　141,143
能動的　　64

は行

パーソナリティ　　12,93,192,193
パーソナルな限界　　127
排便　　105
破壊性　　139,140
破壊力　　146
迫害　　13,15,16,24,79
　　――的超自我　　190
迫害不安　　13
派生的　　38
発見　　6,100,144,159,167,170
発達段階　　157
母親　　65,93,110,132,147,157
　　よりよい――　　119,182,184
　　――として世話　　104
　　――の顔　　51
　　――の死　　49
　　――の象徴　　99
　　――の不在　　123
　　――的世話　　160,161
パラドックス　　1,3,20,188
パラメーター　　182
パラレル・プロセス　　134
反抗　　137

否認　5
悲観主義者　156
非難　4,5,12,26,57,74,145,149,160
批判　12,19,28,64,89,138,140,141
秘密　16
広場恐怖　95,103
ヒント　12,123,138
フォルト－ダァ（糸巻き遊び）　58
服従　4,9,10,17-19,138
不幸　111
不在　86,134,148
ふたつの頭　32
ふたつの言語　167,168
不注意　101
不適切な柔軟さ　38
不能　9
不毛　136
プライバシー　141
古傷　94,106
雰囲気　8
分割　171
　　──された意識　33
分析家　102,137,143
　　生き残る──　191
　　女性──　162
　　男性──　162
　　──からの侵襲　137
　　──の権威　139
　　──の失敗　101,192
　　──のスタイル　23
　　──の働き方　2,24
　　──の臨床スタイル　146
分析家資格　65
分析過程　12,13,15,16,22,25,26,32,45,46,
　61,118,122,136,137,139,145-148,176
分析関係　13,13,88,99,100,102,140,142,
　147,153,176,192
分析技法　68,138
分析空間　3,4,15,18,73,74,136,141-143,
　147,149,150,152,153
分析作業　15,9,13,20,23,32,120,122,159,
　177

──スタイル　10
分析体験　137,139
分析的達成　11
分析的な好奇心　140,141
分析的に抱くこと　124,192,193
分析での出会い　154
分析的同盟　26
分析への攻撃　176
分析への抵抗　176
憤怒　133
分離した存在　125
便意　105
防衛　13,6,28,31,44,69,125,131,147
　　──的思考　5
防衛機制　94
防衛機能　26
妨害　146,147
放置　86
報復　65
暴力　70,71
欲しいもの　11
保証　69
本能欲動　11

ま行

魔術的思考　150
マスターベーション　73
待合室　107,108
末期状態　86
真っ白なスクリーン　145
ミラーリング　31
　　──による無意識の批判　30
無意識　159
　　──の希望　119
　　──の共鳴　113
　　──の空想 unconscious phantasy
　12,159,173
　　──のこころ　11
　　──のコミュニケーション　7,12,
　12,111,124,128,133,144
　　──の再演　16
　　──の助言　29,31,52,129,138,158

　　　　——の真実　72
　　　　——のスーパーヴィジョン　78
　　　　——の相互作用　177
　　　　——の対応　192
　　　　——のダイナミズム　45
　　　　——のつながり　149
　　　　——の批判　28
　　　　——のヒント　5
　　　　——の無時間性timelessness　5
　　　　——の目的　13,124
　　　　——的なヒント　131
無意識的偏向　16
無能力　67
無力　13,137,156
無力感　188
妄想‐分裂態勢　17
妄想性転移　122,124,179
妄想性転移要素　101
妄想的　51,156,187
　　　　——な反応　52
毛布　53,54,55,57
盲目　164-166
目標　106
モニタリング　141,142
喪の作業　103

や行

役割対応 role-responsiveness　14,43,102,190
　　　　無意識の——　165
火傷　123,132,134,179,184
休む理由　90,91
勇気　133,135
誘発　14
誘惑　9,12,41,53,64,65
夢　94,110,127,150,152,168,180,182,185,186
よい経験　14
養育機能　147
幼児の万能支配領域　192
抑圧　3,94,191
抑うつ　103,150

抑うつ態勢　17
読み方　157
予約　74

ら行

楽観主義者　156
落胆　90,91,102,114,127
理想化　180
理論　5,6,157,158,171-174,176
臨床作業スタイル　11,2
臨床セミナー　19,23,67
臨床場面でのこまかなことがら　107
倫理　17
例外　39
　　　　——的な休み　90
　　　　——的な手法　83,93
霊的な経験　173
連想　115
連絡　164
狼狽　160

わ行

枠組み　141
ワークスルー　41

監訳者略歴
松木邦裕（まつき　くにひろ）
1950年　佐賀市に生まれる
1975年　熊本大学医学部卒業
2009年　京都大学大学院教育学研究科教授
現　在　精神分析個人開業，京都大学名誉教授，日本精神分析協会正会員
著訳書　ケースメント「患者から学ぶ」（訳），スピリウス編「メラニー・クライン　トゥデイ」（監訳），「対象関係論を学ぶ」，「分析臨床での発見」（以上，岩崎学術出版社）ほか

訳者略歴
浅野元志（あさの　もとし）
1964年　愛知県に生まれる
1990年　名古屋大学医学部卒業
1999～2004年　タビストック・クリニック（ロンドン）成人部門に留学
現　在　藤田保健衛生大学病院精神科
担当章　第5章，第6章

川野由子（かわの　ゆうこ）
1962年　兵庫県に生まれる
1987年　追手門学院大学大学院修士課程修了
現　在　帝塚山学院大学大学院心理教育相談センター
　　　　大阪府母子保健総合医療センター（非常勤）
　　　　臨床心理士
担当章　導入のことば，第1章，第2章

日下紀子（くさか　のりこ）
1990年　奈良女子大学大学院修士課程修了（臨床心理学専攻）
現　在　高山診療所，関西心理センター
　　　　臨床心理士　日本精神分析学会認定心理療法士
訳　書　スピリウス編「メラニー・クライン　トゥデイ③」（共訳）（岩崎学術出版社）
担当章　第7章，第8章，第9章，エピローグ

永松優一（ながまつ　ゆういち）
1952年　福岡県に生まれる
1989年　香川医科大学卒業
現　在　福岡共立病院
　　　　精神科医　日本精神分析学会認定精神療法医スーパーバイザー
訳　書　スピリウス編「メラニー・クライン　トゥデイ③」（共訳）（岩崎学術出版社）
担当章　第3章，第4章

あやまちから学ぶ
精神分析と心理療法での教義を超えて

ISBN978-4-7533-0404-2

監訳
松木　邦裕

第1刷　2004年5月26日
第3刷　2022年4月9日

印刷　(株)新協／製本　(株)若林製本工場
発行所　(株)岩崎学術出版社　〒101-0062　東京都千代田区神田駿河台3-6-1
発行者　村上　学
電話　03-5577-6817　FAX　03-5577-6837
2004ⓒ　岩崎学術出版社
乱丁・落丁本はおとりかえいたします。検印省略

対象関係論を学ぶ	松木　邦裕　著
●クライン派精神分析入門	
分析臨床での発見	松木　邦裕　著
●転移・解釈・罪悪感	
精神分析体験：ビオンの宇宙	松木　邦裕　著
●対象関係論を学ぶ　立志編	

――＊――＊――

患者から学ぶ	Ｐ．ケースメント　著
●ウィニコットとビオンの臨床応用	松木　邦裕　訳
あやまちから学ぶ	Ｐ．ケースメント　著
●精神分析と心理療法での教義を超えて	松木　邦裕　監訳
精神分析入門講座	Ｊ．ミルトン他　著
●英国学派を中心に	松木　邦裕　監訳

――＊――＊――

精神分析事典	小此木　啓吾　編